KB170943

易占의 神秘

육효로 보는 **오늘의 운세**

운원북 BOOK

易占의 神秘

육효로 보는 오늘의 운세

초판발행일 2007년 12월 20일

지은이 허심거사 虛心居士
펴낸이 문관하
펴낸곳 문원북

출판등록 1992년 12월 15일 제4-197호
전화 (02) 2634-9846
팩스 (02) 2635-9846

이메일 wellpine@hanmail.net
ISBN 978-89-7461-209-7

易占의 神祕

육효로 보는 **오늘의 운세**

지은이 | 허심거사虛心居士

문원북
BOOK

머리말 序文

역점易占에 대한 사회의 인식認識이 편견偏見에 차있는 아쉬움에서 이 역점서易占書를 편저編著하기에 이른 것이다.

영능靈能, 영매靈媒를 내세워 점복占卜을 업業으로 하는 점복술사占卜術士들의 사행詐行으로 인한 사회악社會惡에 따른 편견偏見이 역점易占, 역학易學에까지 미쳐 무속巫俗은 곧 미신迷信으로 이어지는 세간世間의 인식認識을 바로잡는 데 일조一助가 될 것을 기대함과 동시에 역易의 생활화를 바라는 마음에서 이 역점서易占書를 펴게 된 것이다.

필자가 역경학易經學 섭렵涉獵을 시작한 동기를 앞서 적는 것은 독자의 역易에 대한 인식을 바꾸는 데 도움이 될까하는 기대에 다음 이야기를 적는 것이다.

성년成年 후 50여년의 파란波亂의 편력遍歷이 필연적인 숙명宿命인가 하는 의문이 과거를 회고回顧하는 가운데 생기게 되어 추명학椎命學 섭렵涉獵이 시작된 것이다.

교원教員, 회사원會社員에서 광업회사鑛業會社, 무역회사貿易會社 경영자 20여년, 석재업石材業 30년, 일본에서 회사 창업 2개사, 일본에서 역학관易學館 설영設營 등의 파란만장波瀾萬丈의 편력遍歷을 확인하기 위함인 것이었다.

한일 몇 권의 추명학 저서로 파란波亂의 역정歷程을 확인하는 데 충분하였다.

음양오행陰陽五行의 연역적演繹的 논리論理로 직업의 변천, 외국外國으로의 이주移住, 병력病歷, 가족운家族運, 재운財運, 10년 주기운週期運, 말년운末年運 등 어렵지 않게 지나간 발자취를 확인할 수 있었고, 끝으로 말년운에 인수印綬라는 운이 있어 종교, 역학 등을 하게 되는 필연성이 이 역학서易學書의 간행을 암시한 것으로 필자는 해석解析한 것이다.

본론을 벗어났으나 역리易理의 연역논리演繹論理를 증명證明하기 위함이다.

역경易經은 공자孔子가 위편삼절韋編三絶 죽간竹簡, 목간木簡을 엮은 가죽끈이 세 번 끊어지다라는 사언일구四言一句가 전해질만큼 역경을 정독하였다 하며, 동양의 도덕률道德律인 유교儒敎를 낳은 학문인 것이다.

자연自然의 변화상變化象에서 인간사人間事의 교훈을 묵시적默示的으로 제시提示하였으며 역易의 논리論理는 주자학朱子學, 양명학陽明學으로 대립하였으며, 퇴계退溪, 율곡栗谷으로 이어져 내려온 학문인 것이다.

역易의 태극太極 원리는 영능靈能, 신神의 계시啓示가 아니다.

역학논리易學論理와 괘사해석卦辭解析에서 역점易占의 실체實體를 체험할 수 있게 하기 위해 서죽筮竹(산가지)과 효목爻目(산목算木)을 부록으로 첨부하여 논리로 그친 역易을 일상생활에 활용토록 하였다.

적중的中의 가부可否를 떠나 자연의 변화상에서 도덕률道德律을 묵시默示한 교훈教訓에서 흉을 길로 바꾸게 하는 동기를 얻어 인생항로의 새 길을 찾는 전기를 이 역점서易占書에서 얻기를 바라는 마음 간절하다.

끝으로 이 역점서 편저編著 발간發刊에 대한 필자筆者의 집념을 이루게 해주신 도서출판 문원북의 문관하 사장님께 깊은 감사를 드린다.

2007년 10월, 일산一山 우거隅居에서

허심거사虛心居士 강규희姜奎熙

추천의 글

정재철鄭在哲
4선 국회의원
前 정무장관

동양철학東洋哲學의 원천인 〈주역周易〉에 대한 세계의 인식은 구시대舊時代의 유물遺物로 인식되고 있지만, 세계의 명문대학에서 주역周易역리易理를 강론講論하고 있음을 볼 때 참으로 다행스럽게 생각한다. 공자孔子도 책끈이 세 번이나 닳아 끊어질 만큼 열독熱讀했고, 이것이 〈위편삼절韋編三絶〉이라는 사자성어로 남아 있음은 〈주역周易〉은 살아있는 학문學問임을 입증하고 있는 것이라 생각된다.

그런데 오늘날 과학문명科學文明이 발달하고, 우리 생활이 서

구화되면서 도양의 사상과 철학, 우리의 옛 전통사상은 점점 잊혀져 가고 있다. 컴퓨터로 계산되어야만 하고, 눈앞에 나타나야만 과학으로 인정하고, 조상의 지혜는 좀처럼 받아들이려 하지 않는다. 이런 조류에 휩쓸려 〈주역周易〉은 단순히 길흉을 점치는 미신으로 격하되고 말았다.

이런 세태 속에 동양문명東洋文明을 논할 때 주역周易을 빠뜨릴 수 없음에도 불구하고, 일부 지식인은 주역周易 논리에 무지할 뿐만 아니라, 부정적 시각으로만 일관하고 있는 것은 안타까운 현실이다.

그런데 배재培材 동기同期 동창同窓으로 평생 친구인 이 책의 편저자編著者가 「역점易占의 신비神秘 육효로 보는 오늘의 운세」의 역서易書를 발간하게 되었으니 세간의 편견偏見 일소一掃에 많은 기여를 할 것으로 기대한다.

역학易學은 수천 년 동안 우리의 생활 주변사를 점복占卜해 왔으며, 그 적중률에 대한 일화逸話도 많은 것으로 알고 있다. 이런 부분은 〈주역周易〉의 아주 미세한 부분에 지나지 않을 것이다. 〈주역周易〉은 단순한 점술서가 아닌 수천 년 우리 동양인의 경험이 축적되고 이를 보편 타당하고 일반화된 규칙으로 만들어 낸 과학서이자 생활의 논리서이다.

다만, 이를 해석하고 풀이하는 것은 긴 세월 직접 공부하거나, 오랫동안 연구한 전문가의 도움을 받아야 하는 것이 아쉬운 점이었다.

하지만, 이 책을 통해 나처럼 〈주역周易〉에 대한 아마추어일지라도 누구나 쉽게 이해하고 보다 우리 생활에서 주역周易을 가까이 할 수 있는 기회가 될 것으로 확신한다. 이 책으로 인해 살아있는 주역周易을 많은 사람이 체험하며, 주역周易이 안내하는 도덕윤리道德倫理를 실천에 옮겨 새로운 인생항로를 개척함은 물론 보다 우리 사회가 아름답고 좋은 우리 문화文化와 전통傳統을 되살리는 계기가 되기를 바란다.

2007. 9. 20.

목차目次

제일장第一章
역점입문易占入門

1) 역易의 기원 · 17

2) 역易의 원리 · 19

3) 음陰, 양陽의 변화 · · · · · · · · · · · · · · · · · 23

4) 팔괘八卦의 성립 · · · · · · · · · · · · · · · · · 27

5) 대성괘大成卦의 구성과 해석의 요결要訣 · · · · · · 35

제이장第二章
역易 점괘占卦의 득괘법得卦法

1) 역점에 앞선 신심信心 · · · · · · · · · · · · · · · · 49

2) 득괘방법得卦方法 · 51

3) 적중률을 높이기 위한 변효법變爻法과 득괘방법得卦方法

· 57

4) 운세를 변화시키는 변효법變爻法

· 61

제 삼 장第三章
육십사괘六十四卦의 해석

■ 찾아보기 · 78

역점입문

易占入門

1) 역易의 기원紀元

세계 최고의 책인 역경易經은 기원전 1,000년경 중국의 주周나라 문왕文王과 그 아들 주공周公이 만들었다고 전하니 불타佛陀 탄생이 기원전 560년경이니 그 얼마나 오랜 생명력을 가지고 있는 지를 알 수 있다.

공자孔子가 십익十翼을 저술하였다 하고, 역경易經 해석학解析學은 춘추시대春秋時代로부터 송宋나라 시대까지 많은 학자가 연구를 거듭하면서 발전시켜왔으며, 송宋나라 시대에 주자朱子가 완벽한 형태로 완성시켜 오늘에 전해지는 것이 주자학朱子學이다.

주자朱子와 같은 시대에 육상산陸象山이란 학자가 주자와 대립되는 설說을 주장하였으며 그 주장을 계승하여 왕양명王陽明이 다시 정리, 발전시킨 것이 양명학陽明學이다.

우리나라의 대표적 학자로 이황李滉, 이이李珥가 있었고, 조선 선조宣祖시 한글로 번역한 주역언해周易諺解가 발간되기도 하였다.

이렇게 오랜 생명력의 역점易占은 그 적중률과 심오한 경문으로서 잠언箴言 속에 묵시적默示的 교훈이 있고, 그 교훈은 동양문명의 도덕률과 유교의 뿌리가 된 것이다.

2) 역易의 원리原理

· 한문명漢文明은 역易으로부터 시작되었다할만큼 역易은 3,000년이란 긴 세월에 걸쳐 동양 문명을 이끌어 왔다.

역易의 흐름을 빼어 놓고 동양문명을 논할 수 없을뿐만 아니라 동양사東洋史를 이야기할 수 없다.

치수治水, 농업農業, 정치政治, 역법曆法 등에 역易은 활용되었고 사회전반이 역易에 의해 짜여졌다.

· 그 역易은 무엇인가. 역易자의 자의字意에 역易의 원리가 담겨 있는 것을 아는 이는 극히 적다.

역易자의 자의는「바뀔」역이다. 삼라만상森羅萬象은 끊임없이「바뀐다」는 뜻이 담겨져 있는 것이다.

그「바뀌는」원리를 찾는 것이「역易」인 것이다.

· 역易은 주역周易에 의해 창시되었으며 그 경문經文에 의해

완성되었다할 것이다.

· 주역周易의 우주론宇宙論은 태초太初에 태극太極의 기氣가 생生하였고, 그 기가 음陰, 양陽을 생生하게 하였으며 삼라만상森羅萬象의 우주를 생生하게 하였다고 규범規範하였다.

· 주역周易은 음陰 양陽의 동정動靜이 만상萬象을 생生하게 하고 성장成長하게 하고 멸멸滅하게 한다고 보았으며 만상萬象 속의 음陰, 양陽을 추론推論하여 길흉화복吉凶禍福을 예단豫斷하며 그 예단한 상象을 괘卦로 표출表出한 것을 경문經文으로 해석解析한 것이다.

주자학朱子學은 그 경문經文의 해석학解析學인 것이다.

· 경문經文이라 한 것은 불교의 불경과 기독교의 성경과 같이 그 해석문解析文에는 자연현상과의 연계성 속에 인간사의 도덕률을 묵시默示한데서 기인하는 것이다.

· 그럼 괘卦는 무엇인가?

만상萬象은 음陰, 양陽의 기氣의 동정動靜으로 생生, 장長, 멸멸滅을 한다 하였다. 그 음陰, 양陽의 동정動靜을 기호記號로 표현한 것이다.

즉 음陰, 양陽을 그림과 같이 기본 표시기호로 정하

〈음양의 기본 표시 기호〉

양 (= 양효陽爻)

음 (= 음효陰爻)

고 그 동정을 표현한 것을 괘卦라 한 것이다.

· 그럼 괘卦는 어떻게 생성生成되는 것인가의 의문이 생기는 것은 당연하다. 그것은 역점易占에 의해 괘卦의 형상을 점시占示 받는 것이다.

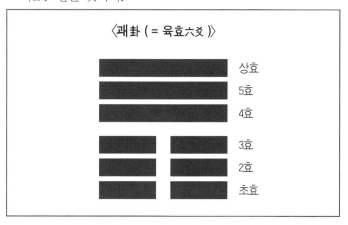

〈괘卦 (= 육효六爻)〉

상효

5효

4효

3효

2효

초효

효爻를 그릴 때에는 맨 아래부터 그려서 올라간다. 맨 위의 효爻가 마지막으로 그려지는 효爻이다.

위에 위치한 3개의 효爻를 '상괘上卦'라고 하며, 아래에 위치한 3개의 효爻를 '하괘下卦'라고 한다.

· 종교에서 말하는 신神의 절대적 능력과 같이 태극太極의 기氣는 절대적 능력을 가지고 있으며 그 기氣는 이 우주 공간에 흐르고 있는 것이다.

· 역점易占은 그 기氣를 통해 미래상을 괘卦의 형상으로 표출

받는 것이다.

이제 「역易」과 「괘卦」와 「역점易占」의 원리를 해석해 보겠다.

3) 음陰, 양陽의 변화

역점易占은 음陰, 양陽의 조합구성組合構成의 동정動靜을 살펴 앞날을 예단豫斷한다 하였다. 그 음陰, 양陽은 무엇인가 살펴 보기로 한다.

우주기원宇宙起源의 원리는 태초 우주가 생겨나기 전 허무虛無의 공간만이 있을 때 그 공간에 태극太極이라 이름붙인 기氣가 움트기 시작하였다. 그 기氣는 모든 존재의 조물주造物主이기도 하다.

그 태극太極의 기氣는 음陰과 양陽의 기氣를 생생生生하게 한 다음 다시 목木, 화火, 토土, 금金, 수水 오행五行의 기氣를 생생生生하게 하였다. 이것은 모든 물체의 원소인 것이다. 이 기氣는 오랜 시간이 흐르면서 상호작용하여 팽창을 거듭한 후 폭발한 것이다. 이렇게 하여 우주는 생성된 것이다. 이 논리를 바탕으로 주역이 형성되었고 동양철학이 움튼 것이다.

주자학朱子學의 이理, 기氣의 성리학性理學도 이기이원론理氣二元論의 우주론宇宙論에 뿌리가 있는 것이다.

이제 만상萬象의 뿌리인 음陰, 양陽을 알아보기로 하자.

만상萬象이란 우주전반宇宙全般의 존재의 형상을 뜻하며 태양에서 미생물에 이르는 모든 사상이 음陰, 양陽의 동정으로 생生하며 성장하며 멸滅하는 것이다.

그 기氣는 양陽은 동動적이고 음陰은 정靜적이다. 남男은 양陽이고 여女는 음陰이며

· 천지天地, 부모父母, 주야晝夜, 명암明暗 등 모든 사상事象은 음陰, 양陽의 기氣를 가지고 있다. 이 음陰, 양陽은 자연현상이나 인간사를 한순간도 멈추지 않고 변화를 시킨다. 한순간 앞의 나와 현재의 나는 다르다. 그렇게 하여 태어나고 성장하고 멸사滅死로 이어지는 것이다.

· 자연현상도 음, 양의 움직임에 따라 수재水災, 풍재風災, 지진地震이 일어나며 사람에게는 길흉화복吉凶禍福의 변화가 일어나는 것이다.

이 변화는 상황이 바뀌는데 따라 음陰, 양陽의 동정動靜도 바뀌는 까닭에 일정한 규범이 있는 것이 아니다. 자연과 인간을 둘러싸고 있는 현상과 연계되어 있어 그 양상과 동

정은 다양하다.

· 변화하는 음陰, 양陽의 다양성은 사람의 운세의 변화에 작용하여 길吉, 흉凶, 화禍, 복福으로 나타나며, 생生, 장長, 멸滅의 원천이 되는 것이다.

· 모든 사상은 음, 양의 양면성을 가지고 있다는 것을 간과해서는 안 된다. 즉, 길吉 속에 흉凶이 있고 흉凶 가운데 길吉이 있다는 것이다.

겨울에는 봄의 기운이 있고 봄에는 여름의 기운이 있으며, 크다는 개념 속에 적어질 수 있다는 개념이 공존하는 것과 같이 만상萬象 속에 있는 음陰, 양陽은 길吉, 흉凶의 양면성으로 표출되는 것임을 잊어서는 안 될 것이다.

다음 이야기는 잘 알려진 이야기로 위의 내용을 상징한 일화라 할 수 있다.

인간만사새옹지마人間萬事塞翁之馬

중국북방 오吳의 접경지대 성곽이 있는 어느 지방의 이야기이다. 점술에 통하는 노옹老翁이 살고 있었는데 어느 날 갑자기 말이 달아나 없어졌다. 이 소문을 듣고 마을 사람들이 애석히 여겨 위문 차 찾아왔다. 그러나 그는 조금도 마음에 걸리지 않은 듯 「이것이 어찌 다행으로 통하지 않는다고 하겠소」하며 마음에 두지 않은 듯 하였다.

과연 몇 달이 지난 어느 날 호胡나라의 좋은 말을 동반하여 돌아왔다. 마을 사람들이 축하 인사차 찾아왔다. 그러나 새옹 塞翁은 「이것이 어찌 화禍로 바뀌지 않는다 하겠소」하며 기뻐하는 기색이 없다.

옹의 집은 좋은 말이 번식하게 되었다. 그러나 어느 날 말을 좋아하는 아들이 말에서 떨어져 다리가 부러져 불구가 되었다. 그 아들의 불구를 위로 차 마을 사람들이 찾아간 것이다. 옹은 「아닙니다. 이 일이 어찌 행으로 이어지지 않는다 하겠소」하며 동요하는 기색이 없다.

과연 일년여가 지난 후, 북방의 호胡족이 쳐들어와 모든 젊은 사람들이 전장으로 가 싸우다가 모두 전사하게 되었으나 옹의 아들만 살아남은 것이다. 이 일화가 갖는 교훈은 음陰 속에 양陽이 있고 양陽 속에 음陰이 있으며 길운吉運 속에 흉운 凶運이 있고 흉운 속에 길운이 있는 원리를 일깨운 것이다.

4) 괘卦의 성립成立과 그 해설解說

이제 역점易占에 첫발을 들여 놓게 되었다.

음陰, 양陽의 상호작용의 동정動靜을 살피기 위해 우선 그 조합組合의 형체形體를 형성形成시켰다.

그것이 괘卦인 것이다. 그러기 위해 음陰과 양陽의 기호를 만들었으며 음陰 양陽으로 하였다.

구성은 다음 표와 같다.

사상四象 (양의에서 분화됨)	▰▰ ▰▰	노양老陽	春
	▰▰ ▰ ▰	소음小陰	夏
	▰ ▰ ▰▰	소양小陽	秋
	▰ ▰ ▰ ▰	노음老陰	冬

팔괘 **八卦**	▰▰ ▰▰ ▰▰	건乾	▰▰ ▰ ▰ ▰ ▰	손孫
	▰ ▰ ▰▰ ▰▰	태兌	▰ ▰ ▰▰ ▰ ▰	감坎
	▰▰ ▰ ▰ ▰▰	이離	▰▰ ▰ ▰ ▰ ▰	간艮
	▰ ▰ ▰ ▰ ▰▰	진震	▰ ▰ ▰ ▰ ▰ ▰	곤坤

모든 사상事象은 음陰, 양陽으로 혼성混成되어 있으므로 괘卦도 혼성混成 구성되는 것이다.

즉 한 괘卦는 세 개의 음, 양으로 구성되었으며 그 형태를 여덟 개로 한 것이 팔괘八卦인 것이다. 팔괘八卦는 괘의 기본 형태이며 이 기본형 두개가 합하여 한 괘卦를 이루며 그 조합 구성調合構成은 8×8=64 괘卦로 조합調合되며 이것을 대성괘大成卦라 한다.

괘卦 자는 자전에 "점괘 괘"로 나와 있다. 즉 점占으로 인해 생겨난 자이다. 이 자字의 획을 풀어보면 그 원리가 들어있다. 왼편 획을 풀면 十 一 十 一 로 구성되어 있다. 즉 十양陽一음陰이 겹친 모습이다.

당시 十, 一이 있을 시대가 아님에도 이 논리가 자의字意를 해석할 수 있으니 역점의 미래를 예상하여 만들어진 것 같은 느낌이다.

● 괘의 예시 1. **화지진火地晋**

괘명	화지진火地晋	
火	▬▬	이離
地	▬▬	곤坤

순조로운 상승 기운. 만물이 아침햇살을 받아 빛나고 있는 괘상. 상괘 불은 태양으로 지평선에 태양이 떠오르는 상으로 만물이 아침 햇살에 빛나고 있다. 모든 일이 순조롭게 진행되고 있다는 길상吉像

괘명	지천태地天泰	
상괘	▬▬ ▬▬ ▬▬ ▬▬ ▬▬ ▬▬	곤坤
하괘	▬▬▬▬▬▬ ▬▬▬▬▬▬ ▬▬▬▬▬▬	건乾

순풍을 만난 배의 형상으로 만사순조萬事順調

상괘上卦 땅地, 하괘下卦 하늘天. 하늘과 땅이 뒤바뀐 자리
에 있으나 좋은 길상이다.

하늘天은 위를 향해 오르려하고 땅地은 밑으로 내려가려
고 하니 상하 화합을 듯한다.

우리나라 태극기의 좌우 모서리에 건乾, 곤坤이 있다. 화합
을 뜻하며 앞날의 길운을 상징한 것이다.

팔괘해석八卦解析　　※ 역易의 기본이니 암기하여야 함

1. 건乾	원뜻	하늘天 양陽 노부老父
	뜻	강건剛健
	사람	왕王, 대신, 선생, 남편
	인체	머리, 목
	장소	수도, 대도시, 관청, 큰 강
	물체	보석, 금金, 쌀, 화폐, 광물
	계절	만추晩秋, 초겨울
	방위	서북
	천기	맑음, 고온
	물가	상승세

2. 태兌	원뜻	연못, 음陰
	뜻	즐거움, 웃음, 말, 화和
	사람	소녀, 여배우, 강사
	인체	입, 폐, 이빨
	장소	연못, 식당, 골짜기, 오락가
	동물	양, 고양이, 새
	계절	가을
	방위	서
	천기	구름
	물가	저가

3. 이離	원뜻	불火
	뜻	태양열, 명지明知, 미美, 빛
	사람	여中女, 미인, 문인, 예능인
	장소	경찰, 병원, 재판소, 불난 곳
	물체	인감, 서류, 화폐
	계절	여름
	방위	서북
	천기	맑음
	물가	상승

4. 지震	원뜻	우뢰雷
	뜻	우뢰, 동動, 놀람, 시끄러움
	사람	장남, 자식, 형
	장소	진원지, 방송국
	동물	대나무, 차車
	계절	봄
	방위	동
	천기	맑음, 소나기
	물가	상하폭 극대

5. 손巽	원뜻	바람風
	뜻	출입, 우유부단, 가벼움
	사람	장녀, 여성, 상인, 외교인
	인체	간장, 호흡기
	물체	매집, 초목, 종자, 부채
	계절	늦봄
	방위	동남
	천기	바람
	물가	소부동

6. 감坎	원뜻	물水
	뜻	함정에 빠짐, 곤란, 장애, 괴로움
	사람	중남男, 명자, 악인
	인체	귀, 신장, 성기
	장소	바다, 개울川, 지하실, 동굴
	물체	술, 독, 음료, 피血
	계절	겨울
	방위	북
	천기	비, 눈, 안개
	물가	하락

7. 간艮	원뜻	산山
	뜻	정지, 독립, 서다
	사람	소남, 소년
	장소	성, 묘, 계단, 언덕
	물체	문, 지붕, 벽
	계절	늦겨울, 초봄
	방위	동북
	천기	구름
	물가	무변동

8. 곤坤	원뜻	땅地
	뜻	유순, 정情, 겸허, 포용
	사람	어머니, 처, 대중, 농부
	장소	농촌, 시골
	물체	택지, 토지, 가재
	계절	늦여름, 초가을
	방위	서남
	천기	구름, 가랑비
	물가	평준

5) 대성괘大成卦의 구성과
해석의 요결要訣

· 대성괘卦는 기본 괘인 팔괘八卦, 두 괘卦로 구성되어 있으며, 그 조합의 종류는 총 64(8×8=64)괘의 대성괘大成卦로 성립되어 있으며 각 괘의 괘상卦象에 따라 괘명卦名이 붙여져 있다. 괘명에는 괘의卦意가 묵시적으로 나타나 있어 역점 해석의 요결要訣이 되어 있다. 그러나 그 묵시적 괘의卦意는 그 해석의 다양성으로 인해 역점의 적중이 상반되는 모순을 안고 있다.

이 상반되는 결과의 해석은 적중률에 연계되어 많은 논란의 씨가 되어있는 점을 부인할 수 없다.

다음 일화는 괘의 괘상卦象과 괘의卦意 해석의 다양성으로 인한 상반된 역점 해석의 대표적 예일 것이다.

● 예시 1. **지천태地天泰**

순풍을 안고 가는 배

만사 순조로움을 뜻함.

지천태地天泰는 하늘天은 높은 데를 향하고 땅地은 낮은 데를
향하니 상하 화합하여 평안하다라는 괘이다.

남북조南北朝 시대 역易의 명인이 있었다. 어느 날 부친의 병
이 걱정되어 한 남자가 찾아와서 역易의 명인과 같이 있던
역자에게 점占을 쳤다. 점괘는 지천태地天泰의 괘가 나왔다.
역자易者는 이 괘는 아주 좋은 괘이니 병은 꼭 나을 것이라
고 말하였으며 남자는 기뻐하며 돌아갔다. 돌아간 후 역易의
명인이 점을 친 역자에게 「"지천태"의 괘는 건乾(아버지)이 밑
이고, 곤坤이 위에 있다. 건乾 아버지가 곤坤 땅 밑에 있는 것
으로 되어 있다. 어떻게 길하다 할 수 있느냐」고 반문하였다.
얼마 후 그 아버지가 죽었다는 연락이 왔다.

이 경우 역자易者는 관례慣例의 해석에 의한 길상吉祥으로 역점풀이를 한 것이다. 아들과 그 아버지의 정황情況을 괘상卦象에 연계시켰다면 아버지가 땅 밑에 있으니 죽을 것이라고 예단豫斷하였을 것이다. 기계적 역경 해설서에만 의존한 역자의 해석에 역점의 적중 여부가 좌우될 수 있는 것임을 증명한 예이다.

· 역점易占 괘卦의 해석의 난삽難澁함은 앞에서 보인 예제와 같이 괘의卦意와 괘상卦象의 해석의 다양함에 있다.
  자칫 괘의나 괘상에 치우친 해석일 때 오류가 따른다.
· 당사자의 정황에 따라 동일 괘명의 해석이 상반될 수 있으며 적중 문제도 이에 크게 달려 있으며 역자易者는 점을 보는 대상의 정황 파악이 무엇보다도 앞서야 한다.
· 점괘의 도출 즉, 득괘시 점을 보고자 하는 대상의 현재 상태를 파악하는 것은 역점의 적중에도 크게 작용한다. 역자의 념슨(정신, 생각)이 역괘易卦로 표출된다고 보아야 할 것이다.
· 이제 일반적 역괘易卦 해석의 예를 몇 괘 예시하여 해석하기로 한다.

● 예시 2 **건위천乾爲天**

■ **괘의掛意** 비룡飛龍의 활약活躍

이 괘는 푸른 창공이 맑게 펼쳐져 있는 괘상으로 여섯 마리의 용이 승천하고 있다. 각 효爻가 모두 양陽으로 구성되어 있다.

건乾은 건健을 뜻하며 사람이면 강건. 사업이면 발전 최전성기를 말한다.

■ **묵시의默示意** 지나치게 올라가면 위험하다.

■ 괘의掛意 곡물이 창고 가득히

■ 묵시의默示意 매사 적극적으로

하괘의 하늘天은 양이 세계로 활기를 뜻한다.

산山에 활기가 넘쳐 푸른 초목이 무성한 풍경이다.

대축大畜이란 크게 저장, 저축, 풍작을 뜻한다.

이 괘는 기반基盤 안정, 신분야 개척의 뜻 있다.

◑ 예시 4. **감위수坎爲水**

■ 괘의掛意 겹친 고난

■ 묵시의默示意 사력을 다하다

상, 하괘 모두 물이다. 탁류濁流가 흐르고 사람의 비명 소리가 들리듯하며 동물 초목이 탁류에 휘말려 떠내려 오고 있다. 감坎이란 험난함을 뜻한다. 고난이 겹쳐 닥쳐지고 있는 상이며 도산倒産, 부도不渡 등이 예상된다.

고난을 견디어 극복하라는 묵시적 교훈이 있다.

앞에서 언급한 네 가지 예를 살펴보면 자연현상에 인간사의 사상事象에 묵시적인 교훈이 있음을 암시하고 있으며, 괘의 해석에 큰 폭이 있음을 알 수 있다.

이상 각 항은 괘상 해석의 중요한 사항만 예시하였다.

팔괘八卦 해석解析의 기본基本 표表

1) 팔괘의 기본뜻 요약표

팔괘명 八卦名	자연	사람	뜻	행동	사물	방위
건乾	하늘天	아버지父	강건剛健	건강	보석	서북西北
곤坤	땅地	어머니母	유순柔順	순종	토지 땅	서西
진震	천둥雷 지진地震	장남長男	동요動搖	움직임	대나무 차	남南
손巽	바람風 나무木	장녀長女	복종服從	들어가다	배 집	동東
감坎	물水 비雨 구름雲	중남中男	곤란困難	방해	술 약	동남東南
이離	태양太陽 불火 빛明	중녀中女	명지明知	막다	인감 화폐	북北
간艮	산山	소남少男	중지中地	서다	부동산 벽	동북東北
태兌	연못澤	소녀少女	함락陷落	즐기다	식물 칼 금속	서남西南

2) 역괘易卦 속 효爻의 지위

효爻 - 괘卦의 음陰, 양陽 표시 기호

명칭	국가	회사	도시	인체
상효上爻	대통령	회장	교외	머리
오효五爻	장관	사장	수도	심장
사효四爻	국장	중역	대도시	배
삼효三爻	과장	부장	시	허리
이효二爻	사무관	과장	읍	다리
초효初爻	서민	대리	면	발

3) 역괘易卦

● 팔괘 2개의 조합

괘명	천지비天地比
乾	
坤	

6) 역괘易卦 해석解析의 실습實習

앞 항에서 역괘 해석의 중요한 사항만을 선별하여 기록하였다.

그 해석법은 팔괘의 조합으로 이루어진 대성괘大成卦의 기본 괘의掛意에 중점을 둔 해석법으로 표준 해석이라 할 수 있다. 그러나 부기한 바와 같이 역점 대상의 정황에 따라 그 해석이 다양해질 수 있음을 간과한다면 상반된 결과로 인하여 역점의 신뢰성에 큰 회의감懷疑感만 안겨 주게 될 것이다.

이번 항에서는 기계적인 해석법을 떠나 해석할 수 있는 기본 몇 가지를 예시하여 해석해 보기로 한다.

● 예시 1. 금전운

택천쾌澤天快

택천쾌澤天快를 얻었다.

역경 해설에는 금전운이 없다. 그러나 팔괘의 뜻 속에 건乾을 금으로 보고 태兌를 칼로 보아 금이 칼의 위협을 받고 있는 상象으로 해석. 재산이 위협받고 있는 상으로 주가폭락, 부동산 시세 하락으로 예단豫斷할 수 있다.

(역점자 - 사업가) 금전운金錢運을 문점問占한 것임)

● 예시 2. 금전운

지화명이地火明夷

금전운을 보아 지화명이地火明夷의 괘가 나온 것이다. 경문經文 해석에는 금운이 없다. 팔괘의 뜻 가운데 불火를 화폐로 보아 상괘 땅地 밑에 이離 불火이 숨겨져 있다는 뜻으로 해석하여 땅 밑의 금을 후원금後援金으로 해석. 금金운을 원조자가 있는 괘로 해석할 수 있다.

◉ 예시 3. **실물점失物占**

주권을 감춰두었다가 감춘 곳을 잊어
버려 역점을 천화동인天火同人 괘를 얻
었다.

괘의 형상으로 보았을 때 상괘 건乾을
장롱으로 보고 장롱 밑바닥 포개놓은
옷 사이에 있는 곳으로 해석한 것이
다.

천화동인天火同人

◉ 예시 4. **연애점戀愛占**

연애점을 보았을 때 택풍대과澤風大過
괘의 형상으로 본 것이다. 상하효 음
을 머리로 보고 가운데 네 효 양을 동
채로 보아 두 마리의 뱀이 엉클려 있
는 상으로 따라서 해석은 서로 엉클
려 떨어질 수 없는 것으로 해석한 것
이다.

택풍대과澤風大過

제2장
第二章

역점괘易占卦의 득괘得卦

1) 역점易占에 앞선 기본자세

· 이제 역易의 세계에 첫발을 들여놓게 되었다.

  역易의 원리를 알았으며 팔괘八卦, 대성괘大成卦, 육효六爻,

  육십사괘六十四卦, 괘의 해석법을 알았으니 역점易占의 기초

  는 답사가 끝난 것이라 할 수 있다.

· 이제 역점易占을 하기 위한 괘를 표출表出하는 방법을 배울

  차례이다.

· 방법을 배우기에 앞서 역자易者로서의 기본 정신자세가 역

  점易占의 적중과 깊은 관계가 있으며 역易의 본래의 목적인

  윤리의식의 고양高揚에 기여할 수 있는 목적으로 편성된

  역경易經의 기본 정신에 맞아야 할 것임을 앞서 강조한다.

· 역은 신비한 태극太極의 이理의 기氣로 길吉, 흉凶, 화禍, 복福

  의 기밀機密을 밝히는 것이다.

· 역易은 역자易者의 정신력精神力에 의해 산가지筮竹에 괘상卦象을 표출表出하는 것으로 득괘得卦 전, 정신의 집중을 위해 정좌하여 잠시 명상하는 것으로 시작한다.

2) 득괘得卦 방법

① 산가지筮竹와 효목爻木(음양목)을 책상 위에 놓음.

② 백지에 점占의 당사자의 주소, 성별, 이름, 생년월일시(음력)를 기재하고, 기록하였으면 책상 위에 놓는다.

● 문점問占의 목적 예시

장차 사업을 시작하려는데 길吉, 흉凶을 알고자 함(역점인이 정신을 집중하고 역점을 보는 목적을 염두에 두어 명목하여 기원함.)

③ 산가지 20개를 왼손 바닥에 올리고, 오른손으로 산가지 가
   운데를 잡아 면전에 받드려 경건한 마음으로 명목 후

④ 오른손으로 산가지 한 개를 빼어내어 책상 오른편에 올려
   놓는다. (이 한 개의 산가지는 태극을 상징한다.)

⑤ 왼손에 남은 19개를 부채꼴로 펴 오른손 엄지를 뺀 네 개
　의 손가락을 펴 부채꼴 산가지를 받들고, 오른손 엄지로
　반대쪽을 가볍게 눌러 명상에 들어간다. 잡념을 버리고
　정신을 통일, 앞서 기록해 놓은 역점의 목적을 연상한다.

⑥ 그런 후 무작위로 왼손 위의 산가지를 오른손으로 반분하
　여 책상 오른편에 놓는다.

⑦ 왼손에 남은 산가지를 두개씩 짝을 만들어 제하고 나면 최후에 남은 산가지는 한 개 아니면 두개가 될 것이다.

· 한개가 남으면 홀수니까 양陽 ▬▬▬▬▬▬▬

· 두개가 남으면 짝수니까 음陰 ▬▬▬ ▬▬▬

⑧ 효목(음 · 양목)이 여섯 개가 있어 윗면은 양陽, 뒷면은 음陰 이므로 음, 양 중 한개를 책상 중앙에 놓는다. 처음 한개 가 남았다면 효목 윗면을 위로 하여 책상 중앙에 놓는다. 이렇게 여섯 번을 되풀이하면 여섯 개의 효목爻木이 정면 에 밑으로부터 위로 올려 놓은 것이 펴졌을 것이다.

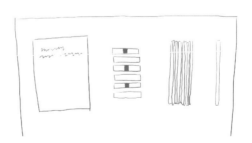

⑨ 책상 위의 여섯 개 효목이 다음과 같이 나왔다면

제 1회째 홀수 - 初효

제 2회째 짝수 - 二효

제 3회때 홀수 - 三효

제 4회째 짝수 - 四효

제 5회째 홀수 - 五효

제 6회째 짝수 - 上효

⑩ 괘가 만들어진 것이다. 괘의 표시 방법은 초효가 제일 밑, 상효를 위로 올려 표시되었다.

이렇게 해서 얻어진 예시의 괘명을 "괘 조견표"에서 찾아 보니 "수화기제水火既濟" 괘인 것이다.

⑪ 득괘得卦에 앞서 유의할 사항

㉮ 점사의 목적은 가부可否가 확실한 질문으로 할 것.

㉯ 득괘得卦한 점시占示가 만족할 수 없어도 같은 목적의 점을 두 번 반복하지 않을 것.

㉰ 꼭 다시 득괘하고자 할 때는 목적을 다소 변화시킬 것. 예를 들어 '승진昇進할 수 있을까'의 질문을 '승급昇級할 수 있을까'로 바꿀 것.

㉱ 득괘 해석은 최우선적으로 기본 육십사괘六十四卦 해석解析을 따를 것.

㉲ 이차로 팔괘조합의 해석에 따를 것.

㉳ 제1, 제2 판정으로도 확실치 않으면 괘의 상을 잘 보아 결론을 낼 것.

이렇게 하여 역점의 괘상인 괘가 성립되는 것이다.

3) 역점의 적중률을 높이기 위한
변효법變爻法

· 변효법變爻法은 역괘 해석의 다양성으로 인해 상반相反된 해석의 결과가 나올 수 있을 때 예제例題 지천태地天泰의 아버지 병환의 역점 괘의 해석 예 또는 괘의掛意와 괘상卦象, 상식常識의 범주의 해석 등으로 인해 그 해석의 결과에 의문이 생겼을 경우에 재확인의 방법일 수 있다.

즉, 다음 예제를 살펴보기로 한다.

◉ 변효법의 예시 - 산지박山地剝

괘의 뜻 - 산이 깎여 땅이 되는 상으로 흉운으로 본다.

입후보立候補자의 당락當落 괘상卦象으로 낙선落選으로 예상할 수 있는 괘의掛意의 해석법의 결과다.

산지박山地剝

그러나 괘상으로 볼 때 상괘 양陽을 입후보자 자신, 밑의 음陰 5효를 경쟁자의 당선으로 보아 당선으로 해석할 수 있는 상반된 결과가 나올 수 있다.

이러한 경우, 변효법變爻法에 의한 괘의 변화로 재확인하고 싶을 때의 작괘법이다.

· 일곱 번째의 점서占筮를 하는 것이며, 원래의 괘를 본괘本卦로 하고 일곱 번째의 점서 결과를 지괘之卦라 칭한다. (작괘법 참고)

· **일곱 번째의 점서**占筮 **방법**

여섯 번째까지의 방법과 같이 한다.

① 20개의 산가지에서 한 개를 내어 태극太極으로 하고

② 남은 19개를 부채꼴로 펴 경건하게 명목瞑目한다.

그리고 무작위로 반분半分한 다음 오른손에 쥔 산가지는 제거한다. 이상은 여섯 번째까지와 동일한 방법이다.

③ 왼손에 남은 산가지를 전번과 달리 일곱 번째는 여섯 개(6개)씩 제해 나간다. 나머지가 한 개에서 여섯 개 사이가 될 것이다.

④ 한개가 남으면 초효가 변효變爻

  2개가 남으면 2효가 변효

  3개가 남으면 3효가 변효

  4개가 남으면 4효가 변효

  5개가 남으면 5효가 변효

  6개가 남으면 6효가 변효

⑤ 세 개가 남았다고 가정하면 3효가 변효變爻하는 것이다.
  이 변화된 괘를 지괘之卦라 한다.

  위의 산지박山地剝 괘를 예로 들면 3효가 변하였으니 다음
  과 같은 간위산艮爲山 괘로 변한다.

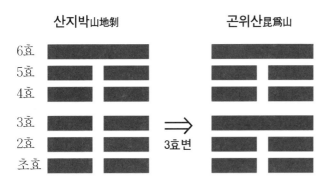

산지박山地剝 산이 깎여 땅이 되는 괘이고,

곤위산艮爲山 산 넘어 산으로 일단 정지하는 괘가 된다.

입후보자는 본괘 의역意譯의 결과와 같은 낙선落選으로 판단

된다.

⑥ 네 개가 남았다고 가정하면 4효가 변효 된다.

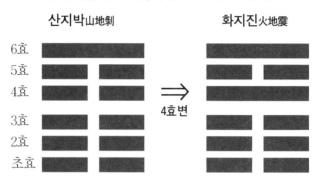

산지박山地剝　　　　　　　**화지진火地晉**

6효
5효
4효　　⇒
　　4효변
3효
2효
초효

　산지박山地剝 괘를 예로 들면 4효가 변하였으니 다음과 같은 화지진火地晉 괘로 변한다.

　화지진火地晉 아침 햇살이 지상에 올라와 중천을 향하고 있으므로 당선으로 판단된다.

⑦ 산지박山地剝의 초효는 본인, 남은 다섯 효는 타 입후보자 본인이 당선하는 것으로 해석할 수 있다.

이상의 해설과 같이 지괘之卦를 서점筮占하는 것이 얼마나 중요한가를 알 것이다.

4) 운세를 변화시키는 변효법變爻法

· 전항 변효법變爻法은

변효점變爻占은 본괘本卦를 낸 후 변효점을 쳐 지괘之卦를 내어 본괘, 지괘 합쳐서 일체가 되는 것이다.

· 본괘本卦는 표면表面, 지괘之卦는 이면裏面, 본괘는 양陽, 지괘는 음陰이다.

본괘는 현재 혹은 가까운 장래의 운세나 이면의 지괘의 운세가 발전하여 본괘로 바뀐다고 보는 것이다.

· 본괘는 눈에 잘보이나 지괘는 잘 보이지 않는 운세로 두 운세가 한 사람의 운세 속에 대립하여 존재한다고 생각하는 것이다. 단 본괘가 나타내는 운세가 지괘가 나타내는 운세보다 강한 까닭에 지괘가 나타내는 운세는 보이지 않은 것이다. 따라서 본괘는 길吉이지만 지괘가 흉凶일 때, 지

괘의 운을 피해 본괘의 길운을 유지하려는 노력을 할 것이다. 역逆으로 본래가 흉凶이며 지괘가 길吉일 때 지괘의 운기로 바꾸는 노력을 할 것이다.

· 역易은 길운吉運을 본인의 노력으로도 올 수 있게 할 수 있다고 설파하고 있는 것이다.

· 이와 같이 본괘本卦와 지괘之卦의 대립과 합일 속에 자기의 나아갈 길을 찾아 노력할 것을 강조한 것이 역점이며, 이 변효법은 그 중심의 점법占法인 것이다. 변효점은 본괘와 지괘를 어떻게 변화시키는가.

여기서는 본괘와 지괘의 역점의 결과에 대한 해석법을 이야기하기로 한다.

◉ 해석법의 예시

산천대축山天大畜

· **해석解析**

산천대축山天大畜이란 창고에 쌀이 가득하고 돈도 많으며 실력도 충실하다.

길운이 나와 기뻐할 것이다. 그러나 역易에서는 성盛하면 쇠衰한다는 것이 통념으로 되어 있다. 이 산천대축山天大畜의 성운盛運이 얼마만큼 지속될 것인가를 알기 위해 변효법變爻法 점을 치는 것이다.

· **일곱 번째 점서占筮에 들어간다**

태극太極을 제한 19개를 양분하여 오른쪽의 산가지를 제한 나머지의 산가지를 6개씩 제해 나가 최후에 한 개가 남았다고 하면 초효가 바뀌는 것이다. 초효인 양陽이 음陰으로 바뀌는 것이다. 다음과 같은 결과가 나온다.

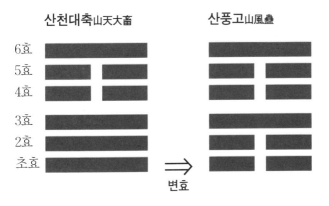

산천대축山天大畜   산풍고山風蠱

6효		
5효		
4효		
3효		
2효		
초효	⟹	

변효

본괘 해석 **산천대축山天大畜** 창고에 곡식이 가득차 있는 괘
지괘 해석 **산풍고山風蠱** 창고 곡식의 밑바닥에 벌레가 있는 괘

· 두 괘를 종합하면 다음과 같은 해석이 가능하다.

표면은 운기가 좋아 창고에 곡식이 가득하다. 그러나 창고 곡식은 밑바닥에 벌레가 일고 있다. 빨리 벌레를 잡아야 할 것이다. 이 괘의 본인이 회사원이면 현재는 실력자이나 무언가의 일이 생기고 있는 중이다 라고 볼 수 있다.

그 원인을 알기 위해 각 효爻를 살핀다. 그 원인은 초효이니 초효의 지위는 사원인 부하라 할 수 있다. 그 부하가 음陰으로 여사원이라 해석한다. 그 여사원과 불의不義의 연애관계에 빠져서 그 소문이 상사의 귀에 들어가 있어 위기에 처해있다고 해석이 가능한 것이다.

이상과 같이 본괘와 지괘와의 관계를 살피는 것이다. 그러면 각 효의 변효 시의 괘상을 살펴보기로 한다.

1) 본괘本卦 산천대축山天大畜 초효 변효
　　⇒ 산풍고山風蠱 창고 곡식에 벌레가 생기고 있다.
2) 2효 변효
　　⇒ 산화비山火賁 일시적인 외견의 아름다움은 겉치레 뿐이다.
3) 3효 변효
　　⇒ 산택손山澤損 금운, 실력 갖추고 다소의 손해는 보는

것이 훗날 득으로 돌아온다.

4) 4효 변효

⇒ 화천대유火天大有 태양이 중천에 있어 한창 성운임.

5) 5효 변효

⇒ 풍천소축風天小畜 대축大畜에서 소축小畜으로 바뀌어 운기 감퇴

6) 6효 변효

⇒ 지천태地天泰 순풍을 만난 돛단배로 성운. 앞, 뒤 각성운

이상과 같이 변효법으로 각 효爻의 변화로 나타난 괘의 해석 방법을 알아보았다. 본괘와 지괘와의 관계, 변효점 방법을 알았으니 연습을 해보기로 한다. 이 변효점은 처음에는 번거롭다고 생각될 것이나 역점에 익숙해지면 재미를 느껴 변효점을 안 칠 수 없게 될 것이다. 변효점으로 적중률이 높아질 때 역점을 알게 된 보람을 느낄 것이다.

본괘

뢰산소과雷山小過

산 위의 우뢰소리는 몸을 피하고 저자세를 해야 한다는 것으로 서로 반목反目하는 뜻이 있음

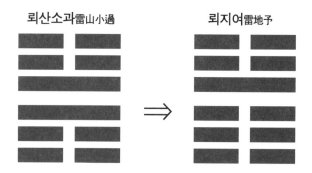

뢰산소과雷山小過   **뢰지여雷地予**

3효 변효

뢰지여雷地予

지상에 우뢰소리가 퍼져 봄이 오는 것을 예고하며, 모든 식물이 싹을 트는 때이며 새출발을 위한 준비를 하는 괘

(변효 괘상은 밝은 앞날을 예고하고 있어 장차 호전을 의미하고 있다.)

본괘

지풍승地風升

하괘 초목의 종자가 발아하여 하늘을 향해 커가는 모습. 승升은 상승을 뜻함, 견실한 상승 괘

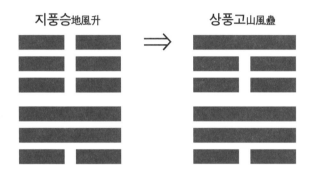

지풍승地風升   →   상풍고山風蠱

지괘

상풍고山風蠱

상괘 산, 하괘 바람. 산기슭에 바람이 불어 초목이 흔들리고 있다. 고蠱는 쟁반 위에 벌레 세 마리가 있는 상임. 음식의 부패腐敗를 뜻함.

·변효變爻의 해석解析

본괘 상은 합격, 그러나 지괘 벌레가 일고 있는 상은 본래의 새싹에 벌레가 있는 상으로 문제가 발생한다는 것으로 해석. 2, 3지망 학교는 합격이나 가장 바라는 1지망 초일류교는 떨어질지 모른다고 해석할 수 있다.

5) 역점 점단占斷 해석요결解釋要訣

① 해석의 순서

득괘의 해석은 역점학습에서 가장 중요한 부분으로 적중 뿐만 아니라 역경 존패에 관련한 사항이다. 일단 괘상을 살펴 그 형상에서 점시의 방향을 찾고, 괘사卦辭로 괘의 뜻을 헤아려야 하며 본괘와 지괘의 효의 동전으로 과거, 현재, 미래를 살핀 후 직감, 영감, 추리로 점시占示를 찾아 역단易斷하여야 할 것이다. 기계적 괘의卦意 해석은 오단誤斷의 첫걸음이다.

② 점단사占斷事의 시기時期 및 수數

■ 효의 동정을 살펴 시기 판독하는 법

- 변효의 위치에 따라 3효 변효일 때 ⇒ 3일 후, 3개월 후, 3년 후

· 효위爻位의 위치에 따라 ⇒ 3천원, 3만원, 30만원 혹은 3
시간, 3일, 3개월

점사에 따라 적용범위를 넓혀 해석하는 것이 바람직하다.

◯ 실예 1. 가출인의 귀가 여부와 귀가 일시를 점단한 예
천수송天水訟 괘를 득괘하여 5효 변괘를 득괘 화수미제火
水未濟 괘를 득괘하였다.
해석은 다음과 같이 한 것이다.
송訟은 다투는 것을 뜻함으로 가정불화로 가출하였으며 5
효 변괘 화수미제는 일을 완수하지 못하는 모습이므로
가출을 중단하여 5일이면 있는 곳을 알 수 있을 것이며 5
일이면 귀가할 것이라고 점단占斷하였다.
과연 그 달 5일에 있는 곳을 알 수 있었다.
5효 변을 5일로 본 것이다.

◯ 실예 2. 내외內外 괘로 시간을 점단한 예
출산점으로 지뢰복地雷復 괘를 득괘 4효 변효로 진위뢰震
爲雷 괘를 득괘하여 출산일을 내일이라 점단하였다. 그 이
유로 4효 변으로 외괘外卦 변효로 내일이라 한 것은 내內
효를 오늘, 외外효를 내일로 본 것이다. 4효 변을 4일 후로
볼 수 있으나 임산점姙産占으로 순산이라 하였으므로 순

산이면 4일이나 산고가 있을 까닭이 없기 때문이다.

● 실예 3. 괘상으로 길흉吉凶 점단한 예

길흉을 문점問占한 점단을 어느 역학자의 점단으로 곤위
지坤爲地의 본괘와 산지박山地剝의 지괘를 득괘하여 다음
과 같이 전단하였다.

곤위지坤爲地의 괘는 상, 하괘가 모두 음효陰爻로 구성되어
있다. 변효점으로 상효의 변효 음효가 양효陽爻로 변효 지
괘로 산지박山地剝 괘를 득괘한 것이다. 근래 저택 앞에
담장을 쌓아(음효만의 괘상에 가운데 양효가 가로막은 것을 담장으
로 봄) 전망을 가로막았으며 오는 손님을 가로 막고 있을
뿐만 아니라 운세로 막고 있다고 본 것이다.

실제로 담장을 쌓은 후 운세가 나쁘게 되었다는 것이며
담장을 헐어버린 후 운세는 호전되었다고 한다.

점단占斷 요결要訣로 상기 적시摘示한 사항은 극히 일부분
에 지나지 않으며 지면상 이상으로 마감하는 점 편저자
로 사죄드린다.

③ 변효에 따른 해석 방법

㉠ 원근 – 변효의 위치

초효	가까운 곳
2효	약간 가까운 곳
3효	떨어진 곳
4효	먼 곳
5효	훨씬 먼 곳
상효	아주 먼 곳

㉡ 방향

건乾	☰	서북 본래 동효 과거
곤坤	☷	서남 지괘 현재
진震	☳	동
손巽	☴	동남
감坎	☵	북
리離	☲	남
간艮	☶	동북
태兌	☱	서

ⓒ 수리數理 주식의 등락

건乾 태兌	9, 4	하저下低
리離	7, 2	고등高騰
진震 손巽	8, 3	고부동高浮動
감坎	6, 1	하락下落
간艮 곤坤	5, 10	보합保合

6) 역점 적중의 실화

전 영풍관엽㈜永豐款曄㈱의 부사장을 역임한 강대우 씨의 선친은 이조말의 성리학자이며 한학자였다. 역경학易經學에 통달해 평소 생활주변사를 점서占筮 예단豫斷하여 주변 사람들 놀라게 하였다.

6·25사변 때 있었던 일이다. 사변이 일어난 이튿날 선친은 일곱 형제를 모아놓은 후 일 주일 후면 인민군이 마을을 점령할 것이다. 그러나 2개월 후는 퇴각할 것이며 그간 각자의 자곡의 안전을 위해 피신을 준비하도록 하였다.

과연 인민군이 7일 후 마을과 진주시를 점령하였다. 많은 인민군이 마을에 주둔한 지 2주일 후인 어느날 미군 폭격기 3대가 마을에 폭탄을 투하한 것이다.

모두 피신하고 있을 때 강대우 씨의 셋째 형수가 산발을 한

채 대문을 들어서며 통곡하며 폭탄이 집에 떨어져 가족이 몰살당했다고 하는 것이었다. 그러나 선친은 태연히 대청마루에 서서 '걱정 마라. 아무 탈 없으니 집으로 돌아가보라'고 하는 것이었다. 대우 씨는 셋째 형수와 급히 현장에 달려갔다. 직격탄이 떨어진 담장은 무너져 있었고, 담장돌에 부딪친 폭탄은 불발인 채 흙에 뒹굴고 있었다.

셋째 형수는 떨어지는 폭탄의 폭풍에 머리가 산발이 될 정도의 근거리에 폭탄이 떨어지는 순간 혼비백산하여 달려온 것이다.

여덟 개의 폭탄 중 한 개가 불발탄이었던 것이다.

그날 그날의 가족의 운세를 점서예단하여 무사하다는 점시를 받아 확신하고 있었던 것이다.

인민군은 선친의 예단과 같이 2개월 후 후퇴를 하였으나 점령 중 많은 주민을 군수물자의 운반에 동원 징발하여 데려갔으나 돌아오지 않은 것이었다. 마을사람들의 요청으로 안부와 귀가일을 점서하여 무사히 귀가일시까지 예단하였고, 예단한 날, 그 시간에 모두 귀가하였다고 한다.

선생의 점단 죽정에 대한 일화는 많이 있으나 이상으로 줄인다.

제 삼 장
第三章

역점易占 육십사괘六十四卦의

해 석解析

下卦＼上卦	乾 ☰ 天	兌 ☱ 澤	離 ☲ 火	震 ☳ 雷
乾 ☰ 天	1) 건위천 乾爲天 80	43) 택천쾌 澤天夬 164	14) 화천대유 火天大有 106	34) 뢰천대장 雷天大壯 146
兌 ☱ 澤	10) 천택리 天澤履 98	58) 태위택 兌爲澤 194	38) 화택규 火澤睽 154	54) 뢰택귀매 雷澤歸妹 186
離 ☲ 火	13) 천화동인 天火同仁 104	49) 택화혁 澤火革 176	30) 이위화 離爲火 138	55) 뢰화풍 雷火豊 188
震 ☳ 雷	25) 천뢰무망 天雷無妄 128	17) 택뢰수 澤雷隨 112	21) 화뢰서합 火雷噬嗑 120	51) 진위뢰 震爲雷 180
巽 ☴ 風	44) 천풍후 天風垢 166	28) 택풍대과 澤風大過 134	50) 화풍정 火風鼎 178	32) 뢰풍항 雷風恒 142
坎 ☵ 水	6) 천수송 天水訟 90	47) 택수곤 澤水困 172	64) 화수미제 火水未濟 206	40) 뢰수해 雷水解 158
艮 ☶ 山	33) 천산둔 天山遯 144	31) 택산함 澤山咸 140	56) 화산여 火山旅 190	62) 뢰산소과 雷山小過 202
坤 ☷ 地	12) 천지비 天地比 102	45) 택지췌 澤地萃 168	35) 화지진 火地晋 148	16) 뢰지여 雷地予 110

巽 ☴ 風	坎 ☵ 水	艮 ☶ 山	坤 ☷ 地	上卦 下卦
9) 풍천소축 風天小蓄 96	5) 수천수 水天需 88	26) 산천대축 山天大畜 130	11) 지천태 地天泰 100	☰ 乾 天
61) 풍택중부 風澤中孚 200	60) 수택절 水澤節 198	41) 산택손 山澤損 160	19) 지택임 地澤臨 116	☱ 兌 澤
37) 풍화가인 風火家人 152	63) 수화기재 水火旣濟 204	22) 산화비 山火賁 122	36) 지화명이 地火明夷 150	☲ 離 火
42) 풍뢰익 風來益 162	3) 수뢰둔 水雷屯 84	27) 산뢰이 山雷頤 132	24) 지뢰복 地雷復 126	☳ 震 雷
57) 손위풍 巽爲風 192	48) 수풍정 水風井 174	18) 산풍고 山風蠱 114	46) 지풍승 地風升 170	☴ 巽 風
59) 풍수환 風水渙 196	29) 감위수 坎爲水 136	4) 산수몽 山水蒙 86	7) 지수사 地水師 92	☵ 坎 水
53) 풍산점 風山漸 184	39) 수산건 水山蹇 156	52) 간위산 艮爲山 182	15) 지산겸 地山謙 108	☶ 艮 山
20) 풍지관 風地觀 118	8) 수지비 水地比 94	23) 산지박 山地剝 124	2) 곤위지 坤爲地 82	☷ 坤 地

1. 건위천乾爲天

괘상卦象	나는 용의 활약
묵시默示	지나치면 위험

높푸른 하늘에 여섯 마리의 용이 나르는 괘상이다. 강건한 남성을 표출한 상하 괘 모두 양陽이다. 건乾은 건健을 뜻하며 강건하여 피로를 모르는 상이다. 사람은 강건하고 사업이면 발전 최전성기를 뜻한다.

그러나 역易에서는 너무 높게 나는 용에게는 후회가 따른다

하였다.

그러므로 현재 오만 불손한 자세로 살아간다면 앞날의 악운이 숨어있는 상이라 할 수 있다. 겸허謙虛한 처세와 내실을 다지는 것만이 앞날이 길흉운으로 이어질 것이다. 앞 날 새로운 운명을 개척할 수 있는 운이 있으니 능력을 최대 발휘하는 것이 바람직하다.

운세運勢	최전성기, 일한만큼 성과가 나타나니 최선을 다할 것. 적극적인 추진력이 필요하다.
재운財運	운세가 좋으니 자연 재운도 순조로움
길방위吉方位	찾는 사람 서북西北
입시	합격
직장	입사 가능
이사	불가

	初효	실력을 키워 성장하라.
	2효	친구를 얻다
	3효	지나치면 해가 온다.
변효	4효	이제 활약할 때
	5효	전력투구
	상효	몰락 우려

2) 곤위지坤爲地

괘상卦象	유순한 암말馬
묵시默示	부단한 노력

기름진 평야가 펼쳐져 있다. 상하괘上下卦 모두 음으로 유순한 여성과 같은 상像이다. 각 효爻 모두 음陰으로 구성되어 있다.

어머니의 대지는 만물을 육성한다. 따뜻한 어머니의 품은 자애慈愛롭다.

이 괘는 순종의 뜻이 있어 매사에 겸허한 처세를 할 때 본인에게 득이 올 수 있다는 것이다. 오랜 인종忍從으로 그 덕이 돌아와 남의 평가를 받을 것임을 암시하였다. 성실과 유순으로 상사를 돕고 보좌하면 어느 때인가 인정을 받아 그 보람이 얻어질 것이다.

운세運勢	현재는 어려우나 기다리면 길한 운이 돌아올 것이다.
재운財運	장기적 안목으로 저축함이 길
길방위吉方位	서남방
입시	내년을 기다려라
직장	곧 입사가능

	初효	조용히 노력, 봄은 가깝다
	2효	내부를 챙긴 후 적극적으로
변효	3효	재능을 숨겨라
	4효	앞질러 준비하여 조용히
	5효	덕을 쌓아 인망을 얻어라
	상효	다투면 같이 쓰러진다.

3) 수뢰둔水雷屯

괘상卦象	눈雪 밑의 새싹
묵시默示	성장을 위한 인내忍耐

상괘上卦 물水는 구름을 뜻하며 하괘 뢰雷는 우뢰를 뜻하니,
구름이 끼어 어두운 하늘에 번쩍이는 번갯불과 우뢰소리가
요란하다. 아직 비는 오지 않고 있으나 곧 비가 오고 초목의
새싹이 틀 것이다. 계절은 초봄이다. 그러나 싹은 굳은 지면
을 뚫지 못하는 상태다.

사람으로 치면 고민 많은 청년기. 사업은 창업한지 얼마 되지 않은 초창기. 곤란한 일이 산적해 있다. 그러나 조급히 서둘지 말라.

이 괘 사대난괘四大難卦 둔屯, 감坎, 건乾, 곤困 중 하나이다.

그러나 젊음의 생명력이 넘치는 잠재적 능력이 있는 괘상卦象이니 서둘지 말고 인내하여 때를 기다려라. 새 싹이 눈을 트는 것은 봄이 와야 한다.

운세運勢	현재는 어려운 상태나 머지않아 풀릴 것이다.
재운財運	재정이 어려우나 융통은 가능하다.
길방위吉方位	북 길吉, 남 흉凶
입시	불합격
직장	면직직전

	初효	인간관계 개선
	2효	현상 유지, 고민 중
	3효	깊이 빠지면 위험
변효	4효	목적을 향해 매진
	5효	고민 중, 무리하지 말라
	상효	고민 중, 첫 수고

4) 산수몽山水蒙

괘상卦象	안개 낀 골짜기
묵시默示	길잡이 안내에 따라

상괘上卦 험준한 산, 하괘下卦 우물.

험준한 산의 골짜기에 우물물이 흘러내리고 있다.

우물 주위는 수목이 울창해 어두컴컴하다.

하괘는 안개로 해석할 수 있다. 앞이 잘 보이지 않는 상像이다. 몽蒙이란 어둡다. 철 모르는 유아의 상태라 할 수 있다.

암중모색을 뜻한다. 앞날을 개척해 나가는 괘다. 지금은 앞이 잘 보이지 않으나 장차 우물물이 흘러 큰 강에 이르듯 앞날에 희망을 가지고 나아가라. 현재의 당신은 몽매蒙昧한 어린이 같이 앞길을 분간할 수 없다.

운세運勢	앞이 잘 보이지 않으니 고생이 따른다.
재운財運	불의의 지출이 있으며 고생이 따른다.
길방위吉方位	남방 길, 북방 흉
입시	합격할 수 있을 것이다.
직장	기다리면 좋은 소식 있을 것임

	初효	오리무중
	2효	안개속, 곧 맑아짐
	3효	앞날 불투명, 재난 있음
변효	4효	현명한 사람의 지도에 따르라
	5효	안개 거침, 배를 띄워라
	상효	오리무중, 투쟁 준비하라

5) 수천수水天需

괘상卦象	나룻배를 기다리는 나그네
묵시默示	은인자중隱忍自重

상괘上卦의 물은 구름. 하늘에 구름이 꼈으나 비는 오지 않고 땅을 적시기까지는 아직 이르다. 그러나 때가 오면 비가 와 만물을 적실 것이다. 수需란 기다린다는 뜻이다.

상괘의 물은 강이며, 희망의 땅은 강 건너에 있다. 나룻배 오는 것을 기다리는 상像

성급히 강을 헤엄쳐 가려는 모험은 근물 이다. 이 괘는 참고 견디면 기회가 올 것임을 뜻하므로 성급하게 추진하면 실패가 따른다. 앞날을 희망을 품고 능력을 키우는데 노력하는 것이 바람직하다.

운세運勢	강운이며 시기가 오는 것을 기다리면 뜻밖에 원조자가 나타날 것이다.
재운財運	금전운 있으나 곤경에 처할 때가 있음(상괘 물은 곤란을 뜻함)
길방위吉方位	서북방 길, 동남방 흉
입시	제일지망 불합격
직장	입사시험 불합격

	初효	고향에 가서 기다려라
변효	2효	다소의 위험을 안고서도 기다림. 길吉
	3효	위험 속 친구를 위해 기다림
	4효	죽을 각오로 기다림
	5효	유유자적 기다림, 대길
	상효	위험 닥침, 뜻밖의 원조

6) 천수송天水訟

괘상卦象	무거운 법정 분위기
묵시默示	다툼은 불리

상괘上卦 하늘天은 높고, 하괘下卦 물水은 맑게 흐르는 물이며
서로 상반하는 괘상이다. 개인이나 집단 등 서로 대립하는
상이며 송訟이란 소송, 재판을 뜻하며 극심한 다툼을 뜻한다.
극심한 대립이다. 이 괘는 운세가 극히 나쁠 때이니 다툼은
불리不利함을 암시하는 뜻이 있다. 자기주장을 버리고 협조하

는 자세가 필요하다. 자기주장만을 고집할 때 주변사람의 빈축을 살 것이며 적을 만드는 결과만을 초래할 것이다. 운세가 극히 나쁠 때이다. 다툼을 피하라.

운세運勢	운이 없음, 다툼을 피하라
재운財運	지출 과다
길방위吉方位	서북방 길, 동남방 흉
입시	불합격
직장	불가, 참고 기다려라

	初효	다툼을 피하지 않으면 재해
	2효	다투면 대재해 발생
	3효	다툼 사에 모르는 채
변효	**4효**	인심이만
	5효	다툼 이겼으나 감정 남음
	상효	소송 이겼으나 후유증後遺症 생김

7) 지수사地水師

괘상卦象	전장戰場에 가는 장군
묵시默示	고생은 있으나 이길 것이다.

상괘上卦의 땅地은 풍부한 수분을 가지고 있는 씨앗이 뿌려지면 초목은 무성하게 자랄 것이다. 병사를 움직이게 할 때도 같을 것이다. 병사를 통솔하는 장군은 군비, 식량을 충분히 준비하여 진군하면 백전백승은 확실할 것이다. 훌륭한 통솔력 규율의 확립이 있어야 한다. 이 괘卦는 경영자, 또는 지도

자로서 그 실력이 갖추어진 사람이다. 새로운 사업, 신 분야를 개척하면 성공할 것이다. 만일 여성이라면 훌륭한 참모를 발적하여야 한다.

운세運勢	강한 운세이며 경쟁에 반드시 이길 것이다.
재운財運	지출에 맞는 수입 증대가 필요함
길방위吉方位	서남쪽
입시	합격
직장	입사시험 합격

	初효	규율 엄격, 발전성
	2효	장으로서의 신망 얻을 것
변효	**3효**	통솔지 교체요
	4효	지나친 추진 불길
	5효	통솔력의 강화
	상효	논공행상 실패

8) 수지비 水地比

괘상卦象	태평스러운 전원풍경
묵시默示	화평 유지에 노력

상괘上卦는 물, 하괘下卦는 땅. 물이 고여 있는 땅은 논이다.
화평스러운 전원 풍경이다. 비比는 두 사람이 어깨동무하는
뜻으로 화기 가득한 친밀의 형상을 뜻한다. 오효五爻 자리 양
陽은 천자의 자리니 주위에 다섯 여인女人에 둘러싸여 있다는
것은 많은 협력자가 있는 괘卦의 형상이다. 사업이 신용을 얻

고, 협력자가 많아 발전일로에 있다. 남성일 경우 복수의 여인과 연애관계가 성립될 수 있으며 여성일 경우 남성 한사람에 다섯 여성이 따르니 격심한 경쟁이 일어나 어려움을 겪을 것이다.

운세運勢	운기가 차있으며 협력자를 얻어 전진할 것
재운財運	경쟁 끝이라 여유롭지 못함
길방위吉方位	북쪽
입시	합격
직장	입사시험 합격

변효	初효	늦게 예상 외의 수입
	2효	친해지지 못함
	3효	악우惡友로 고생
	4효	훌륭한 지도자 만남
	5효	관대한 마음으로 접촉
	상효	객관정세 악화, 몰락

9) 풍천소축風天小畜

괘상卦象	기다려지는 비雨
묵시默示	조급해지는 마음 억제하고 기다려라

상괘上卦 습기 찬 바람이 하늘에 불고 있고 지상에는 바람이 없다. 만물을 적시는 비가 아직 오지 않는다. 서쪽 하늘에 구름은 몰려오고 있으나 비는 오지 않는다. 불언간 형체가 드러날 것이니 조급하게 서둘지 말라는 것이며 기운氣運은 있으나 형체가 드러나지 않고 있어 어려운 상태를 뜻하기도 한

다. 축畜이란 저축한다, 키운다는 뜻이 있다. 이 괘는 저축이 있고 물질 면은 풍요하나 내부에 비협력자가 있는 상像이니 인내하여 기다리면 운이 열릴 것이라는 뜻이 있다. 서두르는 일에는 실패가 따르니 때가 오는 것을 기다려라.

운세運勢	물질 운은 있으나 협력자가 없다
재운財運	적은 돈은 들어오나 목돈은 없다
길방위吉方位	서북
입시	보결입학
직장	입사시험 합격

	初효	앞서감을 억제
	2효	동지와 연합하여 대항
	3효	내부 분열로 정채
변효	4효	성의로 해결
	5효	이웃과 나누어 가져라
	상효	다가오다, 목적달성

10) 천택리天澤履

괘상卦象	호랑이 꼬리를 밟다
묵시默示	발밑을 조심하라

상괘上卦의 천天은 강건을 뜻하여 호랑이이며 하괘下卦의 택澤은 젊은 여성을 뜻한다. 부드러움이 강함을 따르면 위기를 모면할 수 있다는 괘卦의 뜻이다. 호랑이 꼬리를 밟아도 물리지 않은 것은 오직 부드러움으로 대한 까닭이다. 위기를 모면하는 길은 강한 자에게 맞서는 것이 아니라 그에 따르는

길이다. 상사나 윗사람의 의견을 존중하며, 머리를 숙여 지내는 것도 한 방법이다. 이 괘卦는 여성 하나에 다섯 남성으로 위기에 처해 있다고 볼 수 있다. 위기를 극복하는 길은 강한 자의 의견에 따르는 것이 살 길이다.

운세運勢	좋지 않은 운세이니 매사 신중하게 처신할 것
재운財運	손재수 있음
길방위吉方位	동북 길, 서남 흉
입시	합격

	初효	순박하게 처신
	2효	침착하게
	3효	도주하면 호랑이 꼬리 밟음
변효	4효	신중 행동
	5효	재능 믿고 독주하면 실패
	상효	최후의 웃음, 행복

11) 지천태地天泰

괘상卦象	순풍을 맞고가는 배
묵시默示	만사순조萬事順調

상괘上卦는 지地, 하괘下卦는 천天. 천지가 뒤바뀐 자리에 있다.
그러나 이 괘는 길상吉像으로 상증한다. 천지교의만물통야天
地万物通也 천지가 서로 사귀어 만물이 통한다. 인간관계에서
천天은 상사, 남편이며 지는 부하, 처자妻子로 화합하여 상하
마음이 일체가 되는 것이다. 괘의 형체를 보면 하괘를 토대

로 보고 상괘를 건물로 볼 때 안정된 건물로 보인다. 이 괘는
길운吉運의 상증으로 많이 쓰인다.

운세運勢	순조로운 발전과 안정
재운財運	수입증대, 투자효운
길방위吉方位	서남방 길, 동북방 불길
입시	합격
직장	입사

	初효	태평, 인재 등용에 문제 발생
	2효	태평
변효	**3효**	태평, 흐트러짐, 경계
	4효	태평
	5효	태평, 권력자에 겸허
	상효	태평, 화평 지

12) 천지비天地否

괘상卦象	모래 위의 성
묵시默示	기초를 튼튼히

상괘上卦의 천天은 높기만 하고, 하괘下卦의 지地는 낮아 서로 화합하지 않음을 뜻한다. 이 괘卦의 모습은 위는 견실하나 밑쪽인 토대가 허물어지는 형태로 볼 수 있다. 사상누각砂上樓閣이다. 회사일 경우 위에 있는 사람은 강력하고 밑에 있는 사람은 약한 편이다. 계획만 앞서고 순조로운 추진력이 없어

사업의 정체停滯가 예상된다. 비否는 막혀서 통하지 않음을 뜻한다.시급한 개선책이 요하는 상태이며 이것이 이루어지지 않을 때 사상누각砂上樓閣으로 허물어질 것이다.

운세運勢	운이 없을 때이며, 사업에 있어서나 경제적으로도 위기 직전에 있음. 사력을 다해 기초를 다지는 노력이 필요하다.
재운財運	일에 있어서나 재정 면에 있어서나 위기이며 자금 융통도 어려움, 팔방 막혔음
길방위吉方位	서북방
입시	난항
직장	입사시험 불합격

	初효	막힘, 동료와 협력
	2효	소인이 위에 있음
	3효	막힘
변효	4효	막힘
	5효	사력 다해 나아감
	상효	타개, 최후 길

13) 천화동인 天火同人

괘상卦象	하늘에 솟은 횃불
묵시默示	협력하여 나아가라

하늘 아래 불이 있다. 뜻을 같이 하는 사람끼리 힘을 모아 이상理想을 향해 나아가면 밝은 미래가 있다. 동지를 구해 이상理想을 향해 나아가는 뜻이다. 상괘上卦 천天은 강건한 활동력을 뜻하며 하괘下卦 불은 빛나는 지성知性을 뜻한다. 지성知性과 실행력 있는 행동파의 무리가 동지가 되어 공동으로 이상

을 찾는다. 같은 뜻은 가진 사람과 손을 잡고 무엇인가를 추진한다면 장래가 밝다는 괘卦다. 공동 사업, 합자회사, 공동조합 등의 성공을 뜻한다. 새 가정, 결혼 등에는 길상吉像이다.

운세運勢	창업은 뜻이 맞는 사람끼리 하면 성공한다.
재운財運	자금난 있으나 후원자 나타남
길방위吉方位	남쪽, 서북 불길
입시	제일지망 합격

	初효	동지를 찾아 들을 헤매다
	2효	활동 개시, 공정을 주지로 함
	3효	처신 조심
변효	4효	싸워서 부상, 집으로 돌아옴
	5효	최후에 웃는 자가 이긴 것이다
	상효	고립무원이나 최종 승리

14) 화천대유火天大有

괘상卦象	대낮의 태양
묵시默示	빛나는 권세도 영원하지 않다.

상괘上卦의 불은 태양, 하괘下卦 천天은 당신이며 하늘 높게 태양이 빛나고 그 혜택을 받고 있다. 당신은 지금 각광을 받고 있고 운이 왕성하다. 그러나 태양은 어느 때인가 기울어진다. 대유大有란 크게 소유한다는 것으로 모든 것을 포용하는 성운을 말한다. 곡물이 창고에 가득하다. 괘卦의 형상은

음陰이 왕의 자리 오효五爻에 있으며 둘레에 양陽 신하를 거느리고 있다. 한 사람이 많은 사람을 거느리고 있는 상태로 전제군주의 상像이다. 지위도 높고 수입도 충분하다. 그러나 역易에서는 어느 때인가 태양은 기울어진다고 가리키고 있다. 성운盛運일 때 최대의 역량을 발휘하여야 할 것이다.

운세運勢	성운盛運, 지위도 높고 수입도 많으며 풍부하다.
재운財運	많은 수입이 있음
길방위吉方位	남서방 길 동북 불길
입시	합격할 것이다
직장	취직 가능

	初효	성운에 교만하지 말라
	2효	재능 발휘의 때
	3효	지위상승, 반복 발생
변효	**4효**	실력 있어도 억제
	5효	당당히 행동, 발전성 크다
	상효	만사 순조

15) 지산겸地山謙

괘상卦象	머리를 숙이는 벼 이삭
묵시默示	겸손하면 막힘이 없다

산이 땅 밑에 있는 형상이다. 겸謙이란 겸허謙虛, 겸손謙遜을
뜻한다. 큰 부자는 겸허謙虛하지 않으면 오래 지속하지 않는
다는 뜻이다. 겸謙이란 남은 것을 공평하게 나눈다는 뜻이다.
괘상卦象으로 보면 산을 깎아 골짜기를 메운다는 것으로 공
평하게 나누는 것을 뜻한다. 사업상에도 상대의 이익도 고려

하여야 할 것이며, 봉사의 마음을 강조하였다. 양陽 하나에 음陰 다섯이니 겸허하면 많은 사람들이 따른다는 뜻이다.

운세運勢	강운, 겸손한 자세는 존경과 신뢰를 얻는다.
재운財運	급료 평균 수준, 확고한 재산 보유
길방위吉方位	서 길, 북 불길
입시	실력을 보아 한단 아래 선택
직장	취직 가능

	初효	싫어도 겸손
	2효	태도에 겸허가 나타남
	3효	공적 있어도 겸손
변효	4효	지나친 겸손이 나쁠 것은 없다
	5효	당당히 행동, 발전성 크다
	상효	겸허함이 이해되다

16) 뢰지예 雷地豫

괘상卦象	봄을 알리는 우뢰
묵시默示	기회도래機會到來

상괘上卦 우뢰 소리가 지상에 울려 퍼진다. 우뢰는 봄에서부터 여름에 걸쳐 많다. 이 괘卦는 봄이 곧 오는 것을 뜻하며 초목의 새싹이 트고 새들의 울음소리가 들리는 듯한 괘다. 예豫라는 것은 "앞질러", "즐기다", "여유롭다" 라는 뜻이 있다. 예「豫」의 괘는 축적된 힘을 발휘할 때를 알리는 괘卦. 즉

봄이 오는 것을 우뢰소리가 알려주니 대비對備하라는 뜻이다.

운세運勢	새 출발의 시점으로 운세 왕성, 필히 성공할 것임
재운財運	수입이 시작되는 때
길방위吉方位	동 길, 서 불길
입시	준비하면 합격

변효	初효	환락하여 교만 흉l지
	2효	미리 대비, 길
	3효	아부하여 기뻐함, 오래가지 않음, 불길
	4효	미리 협력자 얻음, 길
	5효	미리 우려, 재난 피함
	상효	환락에 빠짐, 후퇴 후 발전

17) 택뢰수澤雷隨

괘상卦象	철 벗어난 우뢰
묵시默示	아랫사람에 따르라

상괘上卦는 연못 또는 젊은 여성, 하괘下卦는 우뢰 또는 남성을 뜻하며 철 아닐 때의 우뢰나 젊은 여성을 따르는 연배의 남성상은 정상 상태는 아니나 그 사실을 인정하여 따라가야 한다는 뜻으로 해석하는 것이다. 수隨는 "따르다" 라는 의미로 때를 만나지 못할 시에는 하늘의 때가 올 때까지 인내忍耐

하여 눈 아래 사람의 뜻에 따라야 한다는 것이다. 현재의 운세가 좋지 않으니 때가 올 때까지 인내하여 어려운 현재를 넘겨야 할 것이다.

운세運勢	보통의 운세이나 참고 견디어 나가면 가까운 시일 안에 현재를 탈출할 수 있는 길이 열릴 것이다.
재운財運	내리막길, 수입 적으며 지출 많음
길방위吉方位	동 길, 서 흉
입시	선배나 선생 의견에 따르라

	初효	업무 변경, 순응
	2효	소녀 사랑, 이혼
	3효	대사를 따라 소사를 버려라
변효	**4효**	권력자에 따르다, 고민
	5효	바른 길을 택해 성업
	상효	하늘의 길을 따라 난을 피함

18) 산풍고山風蠱

괘상卦象	바람에 흔들리는 숲
묵시默示	근본적 수술

상괘上卦는 산, 하괘下卦는 바람. 산기슭에 바람이 불고 있다. 나무들이 흔들리는 모습이다. 혼란을 뜻한다. 이와 같이 당신의 주위에는 혼란 속에 있는 일이 있다. 집안, 회사, 건강 등 주변의 일 중에 빨리 손을 써야 할 일이 있음을 예고하고 있다. 고蠱란 쟁반 위에 벌레가 세 마리 있어 음식물이 썩어 벌

레가 일고 있는 것이다. 이와 같은 상황이니 병원病源을 절개수술로 제거하듯 근본 대책을 세워야 하는 때를 예고한 괘卦이니, 제반 상황狀況을 고려해 급히 대책을 강구하라.

운세運勢	사건이 발생, 고생중이나 새로운 출발의 기미가 있음
재운財運	자금난, 혼란 중
길방위吉方位	동남 길, 서북 불길
입시	한 해를 미루고 합격

	初효	화禍 발생
	2효	화禍 발생, 해결 가능
	3효	화禍 처리
변효	4효	난문 해결
	5효	난문 명예 얻음
	상효	제반 난문難同 해결

19) 지택임地澤臨

괘상卦象	봄이 무르익다
묵시默示	임기응변臨機應變

연못가에서 연못을 바라보는 풍경이다. 상괘上卦는 지地, 하괘는 택澤 연못, 임臨은 위에서 아래 사람을 내려다보는 것으로 윗사람이 바른 길을 걸어 주위 사람을 감동시켜 상하 합심하여 일에 임臨한다는 것이다. 이 괘卦의 상像은 양陽의 기가 밑에서 올라오려는 기세이며 운세는 호전되는 기세다. 봄이 무

르익어 여름을 향해 변화할 때이니 임기응변의 변화를 하여야 한다. 종합한다면 윗사람으로 아랫사람을 바른길로 인도하며 그때그때의 상황에 따라 일에 임臨할 것을 강조한 것이다.

운세運勢	상승 운세, 상하 뜻을 모아 일에 임하라
재운財運	단기투자 방법 선택, 장기투자 피할 것
길방위吉方位	서남방 길吉, 동북 불길不吉
입시	입학시험, 입사시험 모두 합격

	初효	전쟁 준비 완료. 뜻을 모아라
	2효	일보후퇴, 이보전진
	3효	순풍을 맞는 돛단배, 만심금물
변효	4효	지성으로 나아가라
	5효	영지 知로 임하라
	상효	독실함으로 인도하라. 사람들 따름

20) 풍지관風地觀

괘상卦象	지상을 휘몰아치는 바람
묵시默示	정관靜觀

상괘上卦 바람, 하괘 땅, 지상을 바람이 휩쓸고 있다. 괘의 형
태는 음陰의 세력이 양陽의 세력을 압박하고 있어 운세는 하
강下降세의 때다. 관觀이란 응시, 관찰의 뜻이 있으며 하강세
의 운세로 순조롭지 못한 원인 등 주변 사를 정관靜觀하며
반성할 시기이다. 주변의 모든 일이 순조롭지 못하며 조용히

사색하며 대책을 찾도록 노력하라. 지상을 휘몰아치는 바람은 차별이 없다.

운세運勢	사색하는 학자에게는 평운平韻이나 사업 등 물질운은 불길하다.
재운財運	없음, 불운
길방위吉方位	동남방 길吉, 서북방 불길不吉
입시	입학시험 합격

	初효	단순히 보지 말라, 본질을 보라
	2효	시야가 좁으면 신용 떨어짐
변효	3효	마음을 보라. 반성하여 행동
	4효	나라의 영광을 보다
	5효	환경 더욱 악화
	상효	군자의 길에서 평화를 얻음

21) 화뢰서합 火雷噬嗑

괘상卦象	방해자는 제거하라
묵시默示	일로매진一路邁進

상괘의 불은 번갯불, 하괘下卦는 우뢰. 번갯불이 번쩍이고 우뢰소리가 요란하다. 힘이 폭발하고 있다. 괘의 형은 초효와 상효는 양이며 턱을 뜻하고 음효는 이빨을 나타낸다. 이빨과 이빨 사이 양효가 하나 있어 이가 맞물리지 않는다. 가운데 양효陽爻를 제거하면 상하의 이가 잘 맞물리게 된다. 강한 힘

으로 씹어 부숴라 라는 뜻이다. 서합이란 씹는다는 뜻이다. 목적을 향해 갈 때 전력을 다해 방해자를 배제하여 목적달성을 할 수 있다는 것이다.

운세運勢	목적을 향해 나아가라. 이루어질 것이다.
재운財運	장사에 성공할 것임. 뜻하니 않은 이익을 본다.
길방위吉方位	동남방 길吉, 서북방 흉凶
입시	합격

	初효	장애를 배제하고 나아가라吉
	2효	방해자 싸워 다침
	3효	장애가 강해 고생
변효	4효	장애를 배제, 결과 호전
	5효	장애자와 싸워 예기치 않은 이득 얻음
	상효	난사건에 해결에 실패

22) 산화비山火賁

괘상卦象	석양에 비친 산
묵시默示	외견外見에 현혹眩惑되지 말라

하괘 화火는 태양, 가을의 석양이 산기슭에 지고 있으며 붉은
햇살이 산과 들을 아름답게 채색하고 있다. 그러나 그것은
몰락 앞의 빛남이다. 비賁는 외견外見 장식裝飾을 뜻한다. 겉치
레가 좋아도 속이 거기 따르지 않으면 아무 쓸모가 없다. 형
식적, 일시적 분식을 뜻한다. 사업의 경우 매출이 늘어나 있

어도 이익이 감소하고 있는 상태이며 주거의 건물이 외견은 좋으나 기초가 부실해 벽에 금이 갈 수 있으며 산 물건이 외견은 좋으나 오래가지 않는 것일 수 있다. 실익實益을 위한 길을 모색하여야 한다.

운세運勢	사업일 때 표면 신장한 것 같으나 정체 상태
재운財運	이면, 내용 충실에 노력 요
길방위吉方位	동북방, 서남방 불길
입시	내신에 따르는 실력 없음, 한 급 낮출 것

	初효	의를 벗어나는 지위는 쫓지 말라
	2효	상사와 협력 필요
변효	3효	허실이 많음. 실을 취하라
	4효	겉치레냐 실질이냐 조화하라
	5효	겉치레를 버리고 실질을 취하라
	상효	날이 저물어 암흑, 쇠락

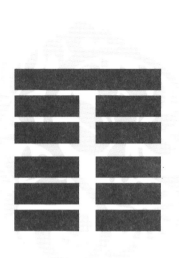

23) 산지박山地剝

괘상卦象	허물어져 가는 산
묵시默示	위기는 다가오고 있다

상괘는 산. 높은 산이 비바람에 침식되어 허물어져 가고 있는 괘상이다. 박剝이란 벗기다라는 뜻이다. 괘의 형상을 보면 양이 벗겨져 음陰만 남아 있다. 붕괴 직전인 것이다. 초목은 모두 고사하고 나무 하나가 서있는 형상이다. 그러나 봄은 다가올 것이다. 이 괘는 쇠운의 극을 뜻하고 있다. 파산 직전

에 몰려 있으니 이 위기를 탈출하기 위한 방안을 모색하여야 한다. 그러나 사업자라면 현재의 업을 급히 정리하며 청산할 것이며 미련을 버리는 것이 최선의 선택이다. 이성 교제일 때 남성 한 사람에 여성이 다섯이라는 괘상이니 여러 여성으로부터 우롱을 당하는 상이니 정리함이 마땅하다.

운세運勢	최악의 운세이니 탈출을 위한 방안 모색. 가족도 이산할 것 같은 상황이다.
재운財運	회사도산會社倒産과 같은 최악의 상황이 올 것임
길방위吉方位	서북방 길, 동남 불길
입시	불합격

	初효	침대 다리 파손. 위험 없음
	2효	침대 다리 날아가다
	3효	침대 파손
변효	4효	침대 파손으로 부상 피함
	5효	노력으로 난을 피함
	상효	남은 사람만이 재기 가능

24) 지뢰복地雷復

괘상卦象	돌아온 봄
묵시默示	내일來日의 계획

땅 밑에 우뢰가 있다. 우뢰는 봄의 기운이다. 땅 속에 온기가 돌아와 봄을 맞이하였다. 복復이란 돌아오다 라는 뜻으로 봄이 오는 것을 일양래복一陽來復이란 말은 역易에서 나온 것이다. 오랜 고통의 날이 가고 새 출발의 때가 왔다. 성급히 서둘지 않을 것이며 차분히 새 계획을 짜 만단의 준비를 하고

기다릴 것이다. 이 괘는 새 출발, 건설 등을 뜻함으로 재건의 운이 온 것이다. 건설, 부흥을 뜻하나 조급히 서두르지 말라. 봄의 기운氣運만이 감돌 뿐 아직 봄이 온 것이 아니다. 새 출발을 위한 만반의 준비를 하는 것이 좋을 것이다.

운세運勢	초봄이니 일 년의 계획 짜는 것이 길한 것이다
재운財運	새 계획을 짜 성공
길방위吉方位	서남방 吉, 동북방 불길
입시	합격

변효	初효	잘못을 깨달을 정도에 돌아오다
	2효	운세 호전
	3효	실패하여 제자리로 돌아옴
	4효	홀로 내 갈길 감길
	5효	독실한 마음으로 돌아옴
	상효	되돌아감을 잊으면 실패

25) 천뢰무망天雷无妄

괘상卦象	하늘이 내린 시련
묵시默示	순응順應

상괘는 천天, 하괘는 뢰雷. 하늘에 천둥소리가 요한하고 우뢰
가 지상에 떨어져 재해가 일어난다. 무망无妄이란 허망虛妄이
없다는 뜻이며 거짓이나 망령도 없다는 뜻이다. 자연 그대로
에 몸을 맡긴다는 것이다. 뜻하지 않은 일에 부딪쳐도 하늘
의 뜻으로 받아들이라는 것이다. 가뭄, 홍수, 낙뢰, 지진 등의

자연 재해를 어떻게 거스를 수 있겠는가. 지금 닥치고 있는 위기를 순순히 받아들여 사태의 흐름에 순응하는 것이 최선이다. 고통을 이겨내어 최선을 다한 후 천명을 기다리는 길이 최선의 길이다. 일어나는 모든 사상事像은 허망虛妄이 아니라 실상實像이며 이것은 하늘의 뜻인 동시에 숙명宿命임을 묵시默示한 것이다.

운세運勢	초봄이니 일 년의 계획 짜는 것이 길한 것이다
재운財運	새 계획을 짜 성공
길방위吉方位	동남방 길吉, 서북 흉凶
입시	불합격, 일년을 기다려라

변효	初효	무심히 처신 그렇지 않으면 흉凶
	2효	이해利害에 빠지면 실패
	3효	뜻하지 않은 재해 만남
	4효	천명에 따르면 득이 있다
	5효	병이 있어도 자연히 나음
	상효	자연의 형세에 맡기다

26) 산천대축山天大畜

괘상卦象	곡물이 가득한 창고
묵시默示	積極的 行動

하괘의 천天은 활기. 산에 수풀이 무성하고 활기에 차 있으며 산이 초목을 키우고 있는 경치다. 대축大畜이란 많이 키우고 많이 축적하는 것을 뜻한다. 풍작으로 곡물이 창고에 가득하다. 하나의 일을 하기 위해서는 실력을 키우고 자금 준비를 충분히 한 후 행동을 개시하라는 뜻이다. 모든 준비가 완료

되었으니 이제 적극적으로 행동을 개시하여야 한다. 사업의 기반이 확고하고 안정되었으니 새로운 분야에 진출하라. 성운盛運의 기회는 항상 있는 것이 아니다. 이 괘가 나온 것은 기회가 왔다는 것을 뜻하니 적극적으로 그 기회를 잡는 준비를 하라는 뜻이다.

운세運勢	성운으로 모험을 하여도 무방하다.
재운財運	많은 수입이 가능하다. 투자 적극적으로
길방위吉方位	동북 길, 서남 불길
입시	합격

변효	初효	창고의 곡물에 벌레가 일고 있다. 재난을 피하라
	2효	실력 충만. 겉치레 조심
	3효	실력 충만. 손해 보고 득을 얻음
	4효	실력 충만하므로 모험도 가능
	5효	운 악화, 경거망동 피하라
	상효	세력 증대 하늘의 도움. 안태安泰

27) 산뢰이山雷頤

괘상卦象	아래턱과 위턱
묵시默示	건강, 말투에 조심

이頤란 턱을 가리킨다. 양 끝의 양陽은 턱 가운데, 음陰은 이를 뜻한다. 사람은 턱을 움직여 음식물을 먹고 말을 통해 지식과 지혜와 사상을 섭취한다. "병病은 입을 통하여", "입은 재앙災殃의 원천" 입에 관련된 모든 문제는 이 괘와 관련이 있다. 건강, 말투, 생활비의 근거 등에 문제가 생길 수 있다.

이 괘가 나온 것은 입을 통한 문제의 발생을 예고하였으니 상사, 동료, 친구 등과의 대화에 특히 유의할 것임을 경고하였으니 입은 재앙災殃의 원천임을 명심할 것이다.

운세運勢	좋은 운, 활력 풍부, 식욕 왕성
재운財運	생계비 수입 안정
길방위吉方位	동남 길, 서북 불길
입시	합격

변효	初효	이웃집 잔디가 아름답게 보인다. 흉凶
	2효	아랫사람의 도움으로 생활
	3효	남의 도움 생활 반성
	4효	아랫사람의 도움
	5효	양육해야 할 사람 양육
	상효	의존 받고 있어 고생이나 길

28) 택풍대과澤風大過

괘상卦象	무거운 짐
묵시默示	개혁改革

상괘 연못, 하괘 초목. 연못의 물이 넘쳐 초목이 죽고 있으며, 물이 넘치고 있는 상이 대과大過의 모습이다. 짐이 과중해 비틀거리고 있는 것이다. 괘의 형체를 보면 아래의 음은 다리, 위의 음은 머리, 가운데는 몸체. 몸체가 너무 커 머리와 다리가 흔들리고 있는 것이다. 회사의 상하가 약하며 중간 관리

직이 강하다. 이 괘는 책임이 과중해 고통 받고 있는 것을 뜻하며 지금의 업무가 너무 과중하다. 그러나 그 책임을 인내忍耐하여 넘기면 성공이 기다린다. 이 괘는 역易에서 집의 「대들보」가 휜다하여 과중한 책임, 업무를 뜻하며 회사일 경우 회사의 규모에 비해 업무량의 과다를 뜻하니 인력 조종이 필요하다고 볼 것이다.

운세運勢	고난운苦難運
재운財運	전혀 없음
길방위吉方位	동 길, 서 불길
입시	하위교로 지원 합격

변효	初효	흔들림이 그치며 호전길
	2효	대들고 휘임
	3효	대들보 받침이 없어 위험
	4효	받드는 사람의 노력으로 곤란 극복길
	5효	고목에 꽃이 되다, 길지 않다
	상효	위험 무릅쓰고 너무 나아가다흉

29) 감위수坎爲水

괘상卦象	거듭 닥치는 고난
묵시默示	사력死力을 다하라

상, 하 괘가 같이 감수坎水 물이다. 황토색의 탁류가 흘러 초
목, 동물이 떠내려가고 있으며 사람의 비명소리도 들려온다.
감坎은 험난함을 뜻한다. 험난險難의 길을 어떻게 벗어날 것
인가. 사대난괘四大難卦 중 하나이며 이러한 고난苦難의 때를
만났을 때 운명은 커다랗게 바뀐다. 이 괘가 나왔을 때는 아

주 어려운 난관에 봉착해 있으며 진퇴양난에 부딪쳐 있다. 회사라면 빠른 시일 안에 정리하여 때를 기다리는 것이 선택의 길일 것이다.

운세運勢	오나가나 험난함이 기다린다. 도산, 질병, 실직
재운財運	차입금 반재에 고심
길방위吉方位	동방 길吉, 북방 불길不吉
입시	입학, 입사 모두 불합격

	初효	고난 속에 괴로워함
	2효	고난 속 탈출의 서광
	3효	오나 가나 고난. 쉴 것
변효	**4효**	위험 닥치다. 해결에 곤란
	5효	위험 속
	상효	감옥 속, 피할 길 없음

30) 이위화離爲火

괘상卦象	불타는 청춘
묵시默示	재능을 발휘할 때

상, 하괘 모두 불火. 밝은 태양, 불과 같은 정열, 지성知性의 빛
남을 나타내고 있다. 재능발휘의 호기好機. 이위화離爲火란 명
지明知가 빛남을 뜻한다. 태양은 하늘에 있을 때 가치가 있다.
이와 같이 입장에 따라 그 가치가 달라질 수가 있으니 그 능
력 발휘를 신분과 입장에 맞게 하여야 한다. 이상理想을 신분

에 맞지 않게 가지는 것은 실패의 원인이 될 수 있다. 불과 불이 겹치면 불꽃이 된다. 정열이 불과 같이 타고 있으니 독주할 위험을 품고 있다. 자중自重의 때임을 명심하라. 그러나 이 괘는 가는 곳 안 되는 것이 없음을 뜻하니 최대의 능력 발휘의 때이다.

운세運勢	기막히는 운세를 가지고 있다. 재능발휘의 시기
재운財運	수입 증대, 승진, 승급
길방위吉方位	남쪽 길, 북쪽 불길
입시	입학, 입사 시험 합격

	初효	자기 위치를 고려 후 출발
	2효	행도적정 재운 있음대길
	3효	기세에 편승 말라, 위험
변효	4효	해는 서산에 지고 있다. 철수
	5효	지성 높고 도량도 큼
	상효	성운盛運도 겸손하면 대길

31) 택산함澤山咸

괘상卦象	사랑을 고백하는 청년
묵시默示	감성感性에 호소

상괘上卦 젊은 여성, 하괘下卦 젊은 남자. 여성의 발목에 엎드려 애정을 호소하고 있는 상이다. 함咸은 감感이며 마음을 주고받는 뜻이었다. 부부의 성립으로 행복한 결혼이 이루어져 한 가정을 꾸미게 된 상이다. 이 괘는 감성, 감격 등 감수성이 필요함을 강조한 괘의卦意를 가지고 있다.

운세運勢	애정 문제에 대길大吉, 주위로부터 신용을 얻고 있으며 호운이 기다린다. 처신處身함에 있어 감성感性에 호소할 때, 어려운 일도 잘 풀릴 수 있음을 묵시默示하고 있다.	
재운財運	지출 과다	
길방위吉方位	서 길, 동 불길	
입시	불합격	

	初효	연애에 배반背反의 우려 있음
	2효	연애에 부담이 많음
	3효	연애에 끌려 사것에 휘말림
변효	**4효**	연애에 고민 중
	5효	실연, 사이 나빠짐
	상효	말이 많음. 싫증낼 것

32) 뢰풍항雷風恒

괘상卦象	지나치게 평온한 생활
묵시默示	파란波瀾의 예고豫告

상괘上卦 성인의 남자와 하괘下卦 성인의 여자인 중년의 부부
다. 항恒이란 항상 불변하는 것이며 안정된 결혼 생활을 하고
있다. 상괘上卦는 우뢰, 하괘下卦는 바람. 우뢰와 바람이 둘 사
이에 파란을 일으키려 하고 있다. 흔들림이 시작되고 있는
것이다. 괘의 음양의 형태는 서로 등을 돌리고 있다. 그 원인

은 다양하다. 항상 변하지 않는 초심을 일깨우는 괘이며 변화를 바라는 인간심리에 대한 경고인 것이다. 평탄한 가운데 파란이 도사리고 있음을 예고하고 있으니 변화를 바라는 것은 모험이다. 순탄한 현재에 만족하고 초심初心을 잊지 말 것을 명심하라.

운세運勢	좋은 운이며 방침을 정해 밀고 나갈 것이다
재운財運	항산恒産 있으며 본업 존중
길방위吉方位	동방 길, 서방 불길
입시	합격, 평소의 노력

	初효	사치 생활 실패
	2효	기존 방침대로
변효	3효	변화에 흔들리지 마라. 본질을 이해하라
	4효	당연 길을 선택해 발전
	5효	항산의 길을 입수하여 중압감
	상효	항산심 잊지 말 것, 협력하여 가라

33) 천산둔天山遯

괘상卦象	잠시 후퇴
묵시默示	재기의 기회를 기다려라

괘의 형태. 밑의 음陰의 세력이 증대하고 있다. 둔遯이란 피신하여 숨는다는 뜻이다. 지금 정론正論이 통하지 않는다. 난難을 피해 달아나는 것이 상책이다. 정세가 호전될 때까지 숨은 곳에서 재기를 노려라. 현재의 운세는 내리막길이니 주변 정리를 깨끗이 한 후 물러나는 것이 상책이다. 회사의 내용

이 악화하여 만성적자가 누적한 상태이니 빠른 시일 안에 정리 청산한 후 일시 휴식하여 재기의 때를 기다리는 것이 최상의 선택이다.

운세運勢	쇠운衰運이니 일시후퇴하여 때를 기다릴 것
재운財運	사방팔방이 막혔으며 생활고 상태
길방위吉方位	서방 길, 동방 불길
입시	불합격

	初효	달아나지 못함
	2효	달아나다, 옛 주인을 만남
	3효	사정私情에 매여 못달아남
변효	4효	달아나서 평안
	5효	잘 달아났으나 여로에서 고생
	상효	유유히 달아남. 재기가능吉

34) 뢰천대장雷天大壯

괘상卦象	천지를 진동하는 우뢰
묵시默示	내실內實을 다지는 노력이 필요하다.

요란한 우뢰소리가 천지를 뒤흔들고 번개가 번쩍이나 비는 오지를 않는다. 겉치레 뿐 알맹이가 없다는 것이다. 대장大壯 크게 성대하다는 뜻. 괘의 형상은 성대하다. 그러나 외견상 화려한데 비해 실속이 없다. 사업, 가업 등 번성 일로에 있으며 크게 확장할 수 있는 운세運勢의 때라 할 수 있다. 그러나

내실이 없는 겉치레일 수 있으니 내부 통제를 강하게 할 것이며 주위의 눈총을 받을 수 있으니 처신을 잘하여야 할 것이다. 괘는 혈기왕성한 청년기이나 자만심 강한 것이 결점이다.

운세運勢	극히 순조로우며 경쟁에서도 이길 수 있다.
재운財運	수입 증대하고 있으나 지출 과다
길방위吉方位	서남 길, 동북 불길
입시	시험 성적 좋은 편은 아니나 합격

변효	**初효**	신분에 맞지않게 앞서감
	2효	전진도 좋음吉
	3효	너무 앞서가 고난
	4효	왕성하게 나아가吉
	5효	무리하면 위험
	상효	발 밑을 보며 나아가라吉

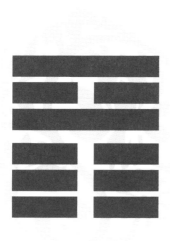

35) 화지진火地晋

괘상卦象	떠오르는 태양
묵시默示	순조로운 상승기운上昇氣運

상괘上卦 태양. 멀리 지평선에 해가 솟아오른다. 만물이 아침 햇살을 받고 빛나고 있다. 하루의 활동이 시작되는 괘상卦象 이다. 진晋은 진進과 같이 앞으로 나아가는 뜻이다. 태양太陽 이 중천中天을 향해 솟아오르듯 닥쳐지는 모든 상황狀況이 순 조롭게 나아가고 있다. 사업의 성적이 향상 일로에 있으며

일 한 만치의 대가도 따르고 있다. 그러나 주위 사람의 신뢰가 앞서야 하며 능력 이상으로 나아가는 것은 삼가야 한다. 자만으로 겸손하지 못한 처신을 할 우려가 있으니 경계하여야 한다.

운세運勢	극히 성운. 업무, 건강, 연애, 시험 등 모두 순조롭게 성취될 것임
재운財運	수입증대, 차입하여 주식투자도 유리
입시	입학, 입사 모두 합격

	初효	방해자를 배제하고 나아감 길
	2효	장애가 있어 나아가지 못함
	3효	앞으로 나아가 신뢰와 명성 얻음
변효	4효	능력 이상으로 나아감 위험
	5효	앞으로 나아가 성공. 물러서서 실패
	상효	앞으로 나아갈 곳 없음

36) 지화명이地火明夷

괘상卦象	지평선地平線에 지는 태양
묵시默示	일시후퇴一時後退

하괘下卦 화火는 태양이다. 태양이 서산에 져서 캄캄하다. 명
이明夷는 현명賢明한 사람이 패배敗하여 상처를 입다라는 뜻이
다. 재능이 있으나 시샘을 받아 억눌림을 당한다. 사업면으로
볼 때 화목이 깨어지고 기울어지는 상태. 가정에 불운이 계
속되며 병자가 나올지 모른다. 어려운 가운데 자기 제능을

숨기고 몸의 안전을 기하는 길이 최선의 길이다. 참고 견디어 난관을 극복하라. 일시후퇴는 새로운 출발을 위한 힘의 저축이다. 지금의 처지는 시샘을 당하여 억압을 받는 처지임으로 때를 기다려야 한다.

운세運勢	인내하면서 때가 오는 것을 기다려야 함
재운財運	그런 가운데 실력을 키울 때 실업 상태이니 생활고가 따른다. 그러나 어려움 끝에 좋은 사람의 도움을 얻게 됨
길방위吉方位	동북 길, 서남 불길
입시	불합격

	初효	암흑은 피하나 기아에 고통받다
	2효	암흑이 지배, 친구가 구원하다
	3효	암흑 세계, 정의의 깃발을 꽂다.
변효	4효	폭군을 피함. 길吉
	5효	어리석은 채하고 피하다. 길吉
	상효	폭군은 몰락하다 길吉

37) 풍화가인風火家人

괘상卦象	불을 피우는 주부
묵시默示	적은 불이 큰 일을 일으키는 씨가 된다.

상괘上卦는 바람. 하괘는 불. 한 집의 주부가 부엌에서 아궁이에 불을 지피고 있는 괘상卦象이다. 한 가정의 중심은 주부이며 남편이 일에서 돌아오면 따뜻하게 맞아들이고 자녀들도 돌보는 형상이나 남자의 괘卦일 때 적은 일이 큰 일로 번질 수 있는 괘상이다. 주부가 불을 불고 있다는 것은 적은 일이

큰 일로 번질 수 있다는 묵시적 암시이기도 하다. 신변사에 특히 조심하여야 한다. 화평스러운 가정 풍경이나 남성에게 는 업무가 잘 풀리지 않고 소사小事가 대사大事로 이어지는 우려가 있으니 처신에 조심하여야 한다.

운세運勢	남성의 경우 사업면과 가정에 문제가 발생하고 있다. 내부 단속을 하여야 한다.
재운財運	여자인 경우 일가의 기둥이다.
길방위吉方位	동남 길, 서북 불길
입시	합격

	初효	일가를 엄하게 지도 길吉
	2효	주부가 가사에 충실 길吉
	3효	가족에 관대 길吉
변효	4효	가업에 전념하여 감정을 부하게 함 대길大吉
	5효	적은 일이 큰 일을 일으키다 요주의
	상효	성의로 가사에 임하여 일가원만

38) 화택규火澤暌

괘상卦象	여성간의 다툼
묵시默示	소사小事에는 길吉하고 대사大事에는 흉凶

상괘上卦는 화火, 하괘下卦는 수水. 불과 물의 관계이니 반목하고 다투는 형상이다. 인간 관계로는 상괘 화火는 중녀中女, 하괘 택澤은 소녀少女다. 규暌는 반목하는 뜻으로 가정의 불화를 뜻한다. 이 괘는 두 사람의 대조적인 인간관계가 사소한 일로 서로 반목하는 것임으로 적은 일은 별로 해가 없으나

대사에는 흉凶이 될 수 있는 괘. 대조적인 인간관계를 나타낸 괘이며 적은 일을 착실하게 쌓아간다면 성공할 것이다. 큰 일은 삼가야 한다.

운세運勢	소사는 길하나 대사大事는 흉凶이다. 그러므로 회사의 큰 기획은 하지 않는 것이 좋다.
재운財運	신용에 결함이 있어 증융이 어렵다.
길방위吉方位	동북 길, 서남 불길
입시	학내 시험은 길하나 입학 시험은 흉凶, 불합격

변효	初효	반목, 그냥 두면 화해
	2효	반목 때. 궁하면 통함
	3효	당초는 언짢아도 종말은 길吉
	4효	반목하여 고독. 화해할 것
	5효	친구끼리 함께 나아가자
	상효	의심을 풀어 길吉

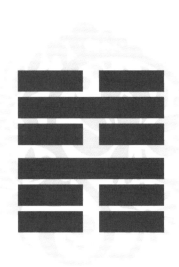

39) 수산건水山蹇

괘상卦象	내로 변한 산길
묵시默示	위험이 도사리고 있다

상괘上卦는 수水, 하괘는 산山. 험준한 산에 비가 오고 급격히 물이 불어나 흐르고 있다. 추위도 오고 있으며, 나그네의 발은 얼고 움직일 수가 없다. 사방이 막혀있다. 건蹇이란 발이 얼어 걸을 수 없는 상태를 뜻한다. 이런 때는 험한 길을 피해 평탄한 길을 사람의 도움을 받아 앞으로 나아갈 것이다. 그

러나 위험은 따르고 고난이 이어지고 있다. 앞으로 나아가는 것을 중단하여야 할 것이다. 이 괘는 앞길에 위험이 따르니 중단할 것을 권하는 괘다. 불운에 처해 있을 때 악운을 피하려고 무리를 하는 것은 시간의 허비임을 자신의 분수를 깨달아 때가 오는 것을 기다리는 것이 최선의 길이다. 질환, 사고, 재해를 예고하고 있으니 위험이 끝나는 것을 기다려라.

운세運勢	위험이 차있다. 참고 기다려 고난을 이겨내야 한다.
재운財運	전혀 없음
길방위吉方位	불합격
입시	서북 길, 동남 불길

	初효	물러서서 때를 기다림 길吉
	2효	상사의 일로 고통받음
	3효	가지 않고 기다리면 친구를 만난다
변효	4효	물러서서 동지와 상의 길吉
	5효	크게 고통 받다. 원조자 옴吉
	상효	정지하여 방어. 공적 올림吉

40) 뢰수해 雷水解

괘상卦象	눈을 녹이는 물
묵시默示	해방된 기쁨

상괘는 뢰雷 우뢰. 하괘下卦는 수水를 뜻하여 해동한 봄을 상
증한다. 봄의 우뢰가 울려퍼지고 봄비가 내리며 굳게 얼었던
얼음도 녹는 봄의 개천이다. 해解는 녹는다는 뜻, 해결된다는
뜻, 해방된다는 뜻이 있다. 오랫동안 고민하던 일이 풀리고
새로 출발하는 때가 온 것이다. 이 기회를 놓치지 않고 급히

잡아야 한다. 이 괘는 사업이라면 오랫동안 경영난이었으나 그 고비를 넘었으니 사업확장의 좋은 때가 도래했음을 예고하고 있다. 영업확대의 좋은 찬스이니 적극적인 경영 전략이 필요하다.

운세運勢	재난에서 벗어났으니 좋은 기회다. 호운으로 수입이 확대될 것이다.
재운財運	금운이 있으니 단기 투자 바람직
길방위吉方位	동 길, 서 불길
입시	합격

변효	初효	해결이 되나 좋은 결과가 아님
	2효	방해자 제거, 길吉
	3효	재난 있음
	4효	나쁜 인연 모두 끊음
	5효	괴로움 해소
	상효	난폭자 배제

41) 산택손山澤損

괘상卦象	호수에 비친 산
묵시默示	손해 보고 득을 얻다

상괘上卦는 산, 하괘下卦는 호수. 호수의 위치가 낮을수록 산은 높게 보인다. 호수가 손해 보고 산이 높게 보여 득을 본다. 이것이 산택손山澤損 괘다. 손損이란 손실이다. 돈이 나간다. 그러나 허술하게 손해 보는 것이 아니다. 봉사라는 뜻이 더해진 것이다. 훗날 이익으로 돌아온다. 일가의 가장이 벌어

올 돈을 자식을 위해 쓰는 돈과 같은 것이다. 회사로 보면 장래를 위한 설비 투지가 필요하다. 그러나 전후 사정을 감안한 지출을 할 것이다. 이 괘는 이해타산을 떠난 지출이 어느 때인가 이익으로 돌아올 수 있는 것을 묵시默示하는 것으로 경영자가 갖추어야 할 덕목인 것이다.

운세運勢	길운吉運, 지출할 시 돌아올 이익을 감안하라
재운財運	현시점은 손해 중, 장래의 수입 예상
길방위吉方位	동북 길, 서남 불길
입시	불합격, 일을 기다릴 것

	初효	봉사의 실정 조사
	2효	봉사도 좋으나 자기도 중요
	3효	손해 보고 크게 신용 얻다
변효	**4효**	병을 얻었으나 회복
	5효	자기가 손해 보고 좋은 상사에 봉사
	상효	손해 보고 인망 얻음

42) 풍뢰익風雷益

괘상卦象	공익 우선 투가
묵시默示	적극적으로 행동

상괘上卦는 질풍疾風, 하괘下卦는 우뢰. 위, 아래의 활동이 서로
응답하는 상이며, 익益은 벌다의 뜻이나 공익 우선을 뜻한다.
윗사람이 국민의 생활을 감안하여 정책의 실행을 신속하게
하는 것을 뜻한다. 경영자로서 이익利益을 위한 투자임은 당
연하다. 그러나 공익公益을 위한 투자를 우선으로 하는 것이

바람직한 자세이며 일을 할 때 신속하게 하면 이익이 나올 수 있다.

운세運勢	강운. 적극적으로 업무 수행
재운財運	이익 최대 증대
농사	대풍작
입시	공립대 합격
제조업	생산 증대
매출	호조
월급자	승급 기대
취업	공공기관

	初효	일은 호조이나 영속성 문제
	2효	적극적으로 선배의 원조
	3효	뜻하지 않는 재난. 극복 후 성공
변효	4효	공익사업에 투입 선발됨. 길吉
	5효	주변의 이익을 위함. 대길大吉
	상효	사리를 취하다. 손해, 흉凶

43) 택천쾌澤天夬

괘상卦象	단죄斷罪되는 독재자獨裁者
묵시默示	고립孤立에서 탈출하라

쾌夬는 결행을 뜻하며 중대사를 행하는 것을 뜻한다. 밑의 양陽이 음陰을 배제排除하려는 뜻이 역력하다. 이 괘는 하극상下剋上의 뜻이 명백히 드러나 있는 괘이다. 단체나 직장인에게 나왔을 경우 횡포한 상사를 제거하는 기운이 있으며 위험을 무릅쓰고 결행하는 것을 뜻한다. 개인일 경우, 위험이 닥

처진 상태이니 조심할 것을 경고하는 괘이기도 하다. 즉, 하극상下剋上을 당하는 입장에 놓일 수 있는 것이니 처신을 조심하라. 독단적인 처신으로 주위周圍로부터 고립을 당할 수 있으니 조화를 이룰 수 있도록 노력함이 긴요하다.

운세運勢	위험 운, 고립무원의 운. 한발 물러서 화해를 청할 것
재운財運	유복한 위치이나 재산에 손해가 올 수 있다
길방위吉方位	서남 길吉, 동북 흉凶
입시	자신 과잉으로 불합격

	初효	결행하면 실력 부족으로 실패
	2효	결행 동지와 연계
	3효	결행의 의도가 얼굴에 나타남, 위험
변효	4효	결행하려면 망설이지 말라
	5효	결행을 결단, 요주의
	상효	독재자 제거, 신시대의 출발

44) 천풍구天風姤

괘상卦象	女王蜂과 같은 미녀
묵시默示	우연偶然의 재난災難

상괘上卦는 천天, 하괘下卦는 초목. 하늘 밑에 초목이 무성한 평화로운 모습이다. 그러나 뜻하지 않은 재화災禍가 일어날 증후가 있다는 것을 암시暗示하고 있다. 후姤란 미남, 미녀의 만남이다. 괘의 형상形象에 하나의 음陰이 다섯의 양陽을 올려 놓고 있다. 한 사람의 여성이 다섯 사람의 남성을 위에 올려

놓고 흔들고 있는 상으로 재난을 예고하고 있다. 남성은 재난災難의 우려가 있고 여성은 물장사로 성공하는 괘卦이기도 하다. 남자일 경우 여인으로 인한 재난이 있을 수 있으니 여성과의 대인관계에 조심하여야 할 것이다.

운세運勢	남성 재난 불길, 여성 여왕봉과 같이 남성을 부린다.
재운財運	남성은 없음, 명성에는 금운 큼
길방위吉方位	서북 길, 동남 흥
입시	실력에 맞지 않게 좋은 학교 합격

	初효	여성과의 만남, 길흠
	2효	여성을 잡으라. 달아날 것이다
변효	3효	만나지 않음이 상책
	4효	미녀 달아나다
	5효	다시 돌아오다
	상효	미녀 큰 짐이 되다

45) 택지 췌 澤地萃

괘상卦象	축제날의 굿소리
묵시默示	입시入試, 취직就職에 대길大吉

상괘上卦는 못澤, 지상에 못이 있고 초목이 울창하며 많은 사람이 모였으며 "장"이 서고 거리의 번영을 기원하는 거리를 형성하고 있다. 췌萃는 모인다는 뜻으로 축제가 열린 상象이다. 이 괘는 등용문登龍門의 상이라 하여 입시, 취직, 인사이동에 대길大吉하다는 괘이다. 결혼, 축제 등 행사가 성공한다. 이

괘는 많은 사람이 모이는 행사가 열리는 그 때에는 불의의 사고가 일어날 우려가 많으니 경계 태세를 소홀히 해서는 안 될 것이다. 현재의 사업이 성업이나 불의의 사고를 예고하고 있다.

운세運勢	강운慷運, 적극적으로 나아갈 것. 장사 번창, 설비 투자가 부동산 가치 상승
재운財運	금운 있음
길방위吉方位	서북 길吉, 동남 흉凶
입시	합격, 취직 가능. 대길大吉

	初효	오합지중烏合之衆
	2효	모여서 순조로우나 변사 생김
변효	3효	모여도 별무신통
	4효	실력에 불상응
	5효	인심을 얻어 신뢰를 얻자
	상효	집단 속에 고독

46) 지풍승 地風升

괘상卦象	뻗어나는 싹
묵시默示	순조로운 성장

하괘下卦 풍風은 초목의 종자의 뜻. 땅속의 싹이 눈을 터 하늘을 향해 쑥쑥 자라고 있다. 비료를 주고 물을 주어 귀중하게 키운다는 뜻이 있다. 승升이란 상승上昇이다. 이 상승은 적은 것을 쌓아 올라가는 견실한 신장을 뜻한다. 상승 괘에 진晉, 승升, 점漸의 괘가 있으며 모두 길상吉相이다. 진晉은 욱일승천

의 상승이나 위험을 안고 있으며 승升은 견실한 상승의 뜻이 있다. 이 괘는 훌륭한 지도자 밑에서 열심히 배워 성장하라는 뜻이 있다. 이 괘가 나온 것은 실력이 발휘되어 승승장구하는 상승 운이니 이 기회를 잡아 크게 도약하라.

운세運勢	극히 성운. 승급, 승진 운 있음. 사업가라면 매출 상승 운 있음. 스포츠맨이라면 기록 갱신이 있을 것이다.
재운財運	저축이 조금씩 늘어날 것이다.
길방위吉方位	동쪽 길吉, 서쪽 흉凶
입시	합격

	初효	호조, 상승, 길吉
	2효	상승. 겸허한 자세
	3효	상승. 사방에 호의
변효	4효	상승
	5효	일보일보 견실히 상승
	상효	높이 올라가면 떨어진다. 정지

47) 택수곤澤水困

괘상卦象	물이 마른 연못
묵시默示	팔방이 막히다.

상괘上卦는 택澤 못이고, 하괘下卦는 물이다. 못의 물이 지하로 스며들어 못은 마르고 바닥이 갈라지고 있다. 그 갈라진 바닥이 곤困이란 모양을 하고 있다. 곤困이란 자는 울타리 안에 나무가 있는데 뻗어나려 해도 뻗어날 수 없어 괴로워하는 모습이다. 이 괘는 신용 불안, 자금난, 질환, 여난 등 사방팔방이

막혀있는 형국이다. 이 괘는 할 말이 있으나 믿을 수 없다는 상태이니 묵묵히 애로타개에 노력하여야 할 것이다. 모든 주변사가 막혀있다. 그러나 극에 이르면 필연코 활로가 열릴 것이니 체념諦念하지 않고 타개의 길을 모색하면 길은 열려있다.

운세運勢	재난운災難運. 많은 고통이 따르는 운이니 묵묵히 견딜 수 있는 마음가짐이 중요하다.
재운財運	전혀 없음. 생활난 극심
길방위吉方位	서 길, 동 불길
입시	실패의 연속, 공부 부족, 변명 무용

	初효	괴로움 없어지고 기쁨 온다.
변효	2효	생활난 있으나 원조자 나타남
	3효	괴로움은 차례로 찾아온다.
	4효	도와주는 사람이 없다.
	5효	비참함 속에 호전의 기운 싹틈
	상효	공고 속에 싸움 후 더욱 공고

48) 수풍정水風井

괘상卦象	맑은 물이 차있는 샘井
묵시默示	보람 없음

상괘上卦는 수, 하괘는 목. 샘에 두레박을 넣은 형상이다. 샘과 두레박의 관계. 두레박으로 물을 퍼 올려야 물이 맑아진다. 이와 같이 두레박과 샘은 서로 없어서는 안 될 존재이나 평소 서로의 고마움을 잊는 경우가 많다. 묵묵히 일을 해도 그 역할에 대한 평가를 못 받는다는 괘상卦象이다. 이 괘가 나온

사람은 묵묵히 일을 하여도 일한 만치의 지위나 대가를 못 받고 있다. 그러나 때가 오면 능력을 평가받아 보람이 있는 날이 올 것이다. 그 때까지의 인종忍從이 필요하다.

운세運勢	좋은 운이 못 됨불길, 능력의 평가를 못 받음, 일한 만치의 대가도 못 받음
재운財運	없음
길방위吉方位	동방 길, 서방 흉
입시	평소 눈에 띄지 않으나 합격

	初효	잊혀진 우물. 오랜 기다림
	2효	두레박이 깨어짐
	3효	우물을 치다. 누구도 마시지 않음
변효	4효	우물을 수리함
	5효	우물물을 많이 쓰게 됨, 길吉
	상효	모든 사람이 물을 마심

49) 택화혁 澤火革

괘상卦象	신구 교대의 시기
묵시默示	새 사업에 유리

상괘上卦는 택수澤水, 하괘下卦는 화火로 물과 불이 서로 싸우는 상태다. 상괘는 소녀, 하괘는 중녀. 소녀와 중녀가 다투는 형상. 혁革이란 혁신, 혁명을 뜻한다. 옛 것에 대신하여 새 것이 나온다. 신구 교대인 것이다. 사계四季가 바뀌는 것과 같이 옛 사람에 대신하여 새로운 사람으로 교체되는 것이다. 직장

에 기구 개편, 인사 정비가 있을 것이다. 경우에 따라 전직, 전근이 예상된다. 가정에는 노인이 죽고 출산이 있을 수 있다. 구세대와 신세대의 교체는 필연적이다. 사업도 새로운 사업 분야를 개척하는 길을 모색하라. 성공의 길이다.

운세運勢	변화가 일어날 것이다. 이 괘는 강운에 해당한다.
재운財運	유복한 당신은 노림의 대상이 되고 있다.
길방위吉方位	합격. 출제 문제에 많은 변화가 있음.
입시	서북방 길, 동남방 흉

	初효	감정으로 경거망동 조심
	2효	시기를 기다려 혁명을 일으키다.
	3효	혁명은 중의에 따른다.
변효	4효	혁명 달성, 뜻 이루어짐길
	5효	신체제 발전. 길吉
	상효	동료와 연계

50) 화풍정 火風鼎

괘상卦象	제물祭物을 찌는 솥
묵시默示	협력하면 성공

상괘는 화火, 하괘는 목木. 솥 속에는 제물祭物이 들어있고 불이 타고 있는 형상이다. 정鼎은 국가 권위의 상증이다. 세 발로 받치어져 그 중 한 개가 부러져도 안정하지 못한다. 이 괘卦는 모든 위치가 안정되어 있다는 것을 상증하고 있다. 경영자, 종업원, 주주 등이 안정되어 협력체제가 잘 유지되고 있

음을 뜻한다. 세발의 협력체제 속에 한발이 빠지면 기울어진다. 독단의 처신은 협력 체제를 깰 것이다. 깊이 유의할 것이다.

운세運勢	호운. 협력체제가 잘 이루어지면 성공
재운財運	자금 호전
길방위吉方位	동남방 길, 서북 흉
입시	합격

	初효	솥을 청소, 길
	2효	신중히 나아가라, 고립 조심
	3효	솥이 깨어져 식사 불능
변효	4효	재난, 흉凶
	5효	훌륭한 솥, 현인을 만남
	상효	모두 순조, 길吉

51) 진위뢰震爲雷

괘상卦象	울려 퍼지는 우뢰소리
묵시默示	태산명동서일필泰山鳴動鼠一匹

지진地震과 우뢰가 겹치고 있으며 사람들이 놀라 두려움에
떨고 있다. 그러나 곧 평상으로 돌아올 것을 알고 있다. 이
괘는 겉치레뿐이며 내실이 따르지 않은 것을 상증한 괘이다.
계획 뿐이고 실적이 따르지 않은 상태이니 알찬 계획 수립이
요할 것이다. 회사나 가정에 문제가 생겼을 때 냉정하게 차

분히 대처하면 별일이 아니다. 현재 경영하고 있는 사업이 실속에 없는 겉치레뿐일 수 있다. 실익이 따르지 않은 상태이니 냉정히 실상을 파악하라.

운세運勢	겉치레뿐이니 내실을 다질 것
재운財運	호조
길방위吉方位	동 길, 서 흉
입시	불합격

	初효	우뢰소리 요란하다.
	2효	벼락 떨어짐
	3효	우뢰 멀리 가다.
변효	**4효**	벼락 떨어져 놀라다.
	5효	우뢰 속. 재사 지냄.
	상효	벼락 옆집에 떨어짐.

52) 곤위산昆爲山

괘상卦象	겹쳐진 산
묵시默示	경솔하게 동하지 말라.

곤昆이란 산을 뜻한다. 두 개의 큰 산이 이어져 있는 상이다. 곤昆은 멈춰있는 뜻도 있다. 산을 앞에 두고 나그네가 발을 멈추고 이 높은 산을 어떻게 넘을까 생각하고 있는 상이기도 하다. 이 괘가 나오면 심사숙고, 경거망동을 삼가야 한다. 가면 산이 또 나오고 또 나오고 한다. 고생이 도사리고 있다.

역易에 사람을 만나러 가서 그 사람의 뒤에 서 있다가 만나지 않고 돌아서다 라는 말이 있다. 신중한 처신이 요하는 괘다. 협력자가 없는 고독한 상태다. 의뢰심은 금물이며 서야할 때 서고 나아가야 할 때 나아가라. 지금은 일시 멈춰서 조용히 현재의 진행사를 면밀하게 검토하여야 할 때이다.

운세運勢	많은 위험을 앞에 두고 있다. 심사숙고 타개책을 강구하라.
재운財運	착실히 저축해 나가야 할 것.
길방위吉方位	동북 길, 남서 흉
입시	불합격 확률 큼

	初효	서다, 한걸음 한걸음 나가다.
	2효	서다, 참지 못해 움직여 곤란
변효	3효	서다, 위험 다가오다.
	4효	고독에 괴롭다.
	5효	점차 길이 열리다.
	상효	서야 할 곳에 서다.

53) 풍산점風山漸

괘상卦象	날아가는 물새
묵시默示	순서를 따라 나아가라.

상괘上卦는 수목, 하괘下卦는 산. 산 위에 수목이 무성하다. 이 수목의 성장은 눈에 보이지 않으나 착실하게 자라고 있다. 점漸이란 서서히 나아가는 것. 순서에 따라 나아가는 뜻이다. 그것은 철새가 물가에서 바위로, 또 육지로 나무 위, 산 위, 멀리 구름길로 순서를 따라 날고 있는 상이다. 기러기는 일

부일처一夫一妻제로 이상적인 부부관계를 상징하며 날아갈 때 서열을 흩트리지 않는다. 이 괘는 봉급자의 지위 상승을 뜻하며 전금의 운도 따른다. 현재의 지위에 만족하고 진행 중인 일을 순서에 따라 실행하라.

운세運勢	상승 운. 순서에 따라 승진할 것이며 해외로 전근도 예상할 수 있다.
재운財運	호조, 사업주이면 사업이 순조롭다.
길방위吉方位	동북 길, 남서 흉
입시	합격 운

	初효	일가 단란하게 나아감.
	2효	무리를 따라 날아가다.
	3효	육지에 상륙. 무리에서 떨어짐, 불길
변효	4효	나무에 올라서다. 안정될 자리
	5효	산에 올라간다. 앞이 트이다.
	상효	구름 위로 오르다. 길吉이 흉凶으로 변함.

54) 뢰택귀매雷澤歸妹

괘상卦象	길 아닌 사랑
묵시默示	"사이드 비즈니스" 발전

귀매歸妹란 젊은 여성의 결혼을 뜻한다. 상괘上卦는 중년의 남성, 하괘下卦는 젊은 여성. 애정이 없는 결합을 뜻한다. 이 괘는 불길한 결합이다. 젊은 여성이 혼외정사로 결합한 것이다. 이 괘가 나올 때 비정상의 일시적인 일에 빠지는 우려가 있으니 경계하여야 할 것이다. 부업에는 좋은 운이다. 일시적인

수입에 현혹되는 것은 본업에 영향이 올 수 있다. 경계하여야 할 것이다.

운세運勢	이성문제가 발생할 우려가 있으며, 비정상의 부업 운이 있음.
재운財運	물장사는 번창한다.
길방위吉方位	서 길吉, 동 흉凶
입시	지망학과 외의 보결 입학

변효	初효	비정상의 결합
	2효	고생이 따르다.
	3효	그늘의 생활, 공전
	4효	혼기 늦어지나 상대의 출현
	5효	내면의 아름다움, 길吉
	상효	혼약하였으나 결혼 무산, 흉凶

55) 뢰화풍雷火豐

괘상卦象	만족한 생활
묵시默示	장래의 쇠운衰運에 대처하라.

상괘上卦는 뢰雷, 하괘下卦는 화火이며, 낙뢰洛雷로 불기둥이 대
낮처럼 주위를 밝게 비치고 있다. 태양이면 지금 중천에 있
으나 서쪽으로 기울어지는 형상이다. 풍豐이란 성대하고 풍
만하여 만족한 상태를 뜻한다. 그러나 번성繁盛도 필연 쇠衰
할 날이 있을 것을 암시하고 있다. 이 괘는 현재 상태를 유지

하는 데에도 많은 노력이 필요하며 앞으로 부진不振할 때를 대비하는 자세가 필요하다는 묵시默示가 들어있는 괘이다. 사업이나 업무가 현재 만족한 상태에 있으나 자만이나 과잉투자는 삼가야 할 것이다. 불황이나 부진할 때를 대비하는 자세를 경영자라면 필히 가져야 할 것이다.

운세運勢	강운으로 올라갈 수 있는 한계에 있다. 현상유지에 심력을 기울일 것이다.
재운財運	만족스러운 상태이나 낭비가 있다.
길방위吉方位	동북 흉凶, 서남
입시	합격
교섭交涉	속지 않도록
이성	임신

	初효	주인을 만남. 겸손 하라.
	2효	진퇴에 괴로워하다.
	3효	풍래, 쇠운세를 대치
변효	4효	풍래, 협력자 물색
	5효	풍래, 개혁
	상효	권력 상실, 흉凶

56) 화산여 火山旅

괘상卦象	고독한 나그네旅人
묵시默示	위험을 무릅쓰고 나아가라.

산불이 퍼져나가듯 나그네 길은 하루 이틀이 아니고 오랫동안 이어진다. 나그네 길이란 위험하고 고독한 길이다. 낯선 땅을 위험을 무릅쓴 나그네의 길은 공포, 불안정, 고독, 불안의 연속이다. 이 괘가 나오면 병고, 실연, 이혼, 상처 등의 우려가 있으며 업무는 어렵고 고독한 상태다. 이런 때의 처신

은 수동적인 인내忍耐의 자세가 필요하다. 그러나 나그네의 갈 길은 멀다. 고난을 이겨내는 인내력과 목적 달성을 위한 신념이 필요하다.

운세運勢	일에나 가정에 불안한 일이 속출할 것이니 수동적으로 처신하여야 할 것이다.
재운財運	불안정한 수입이며 직업변동의 가능성 있음.
길방위吉方位	남 길吉, 북 흉凶
입시	불합격
교섭交涉	어려움은 많고 득을 볼 수 없음.

	初효	여로旅路에서 편한 마음
	2효	여로旅路에서 잘 곳을 얻음
	3효	여로旅路에서 잘 곳을 잃음
변효	4효	여로旅路에서 친절한 대접
	5효	여로旅路에서 보상을 받음
	상효	여로旅路에서 실의에 빠짐

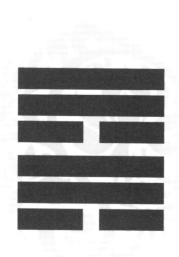

57) 손위풍巽爲風

괘상卦象	바람에 날리는 종자
묵시默示	유연하게 대처하라

바람이 두 개 겹쳐 있어 바람이 휘몰아치는 상이다. 손巽의 한쪽은 바람 또 한쪽은 식물의 종자를 뜻하며 바람에 따라 발전한다는 뜻이다. 손巽은 겸손하고 부드럽게 맹목적으로 따르는 상이며, 망설임도 있다. 생활 속에 바람 부는 대로 갈 피를 못 찾는 일이 많음을 뜻한다. 좋은 지도자를 만나 결단

력과 판단력을 가질 수 있는 능력을 키울 필요가 있다. 이 괘는 유연성, 우유부단, 종속從屬 씨를 사방에 뿌리다 등 여러 가지 뜻이 있어 가려서 해석하는 것이 중요하다. 현재 입지에 맞는 교훈을 찾아 앞날의 지표로 삼아라.

운세運勢	좌우로 흔들리는 안정되지 못하는 운이나 좋은 상사나 지도자를 만나면 변할 수 있다.
재운財運	수산 관계 일이면 많은 이익
길방위吉方位	동남 길吉, 서북 흉凶
입시	합격
교섭交涉	오래 끌면 성립 불가

변효	初효	우유부단優柔不斷
	2효	지나친 공손
	3효	유순한 채 오해 받음
	4효	수렵에서 성공
	5효	재난 만나 종말 길
	상효	지나친 겸손, 권위 상실

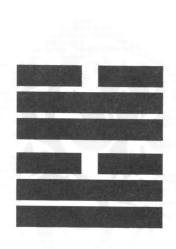

58) 태위택兌爲澤

괘상卦象	조잘거리며 웃는 소녀들
묵시默示	입놀림에 조심

상괘上卦, 하괘下卦 똑같이 소녀의 입을 뜻한다. 두 소녀가 나란히 즐겁게 이야기를 하고 있는 상이다. 이 괘는 직장이면 웃음소리가 넘치는 분위기로 화목을 뜻한다. 입에 관련된 사업이나 직장인에게는 좋은 운運을 뜻한다. 방송인, 가수, 기자, 평론가, 출판업, 또 학교나 학원 관련업자에게는 특히 좋은

괘이다. 그러나 입은 재앙의 씨가 될 수 있으며 말로 인한 분쟁이 일어날 수 있음을 예고하는 것으로 해석하여 입놀림에 조심할 것이다.

운세運勢	즐거운 일이 많이 생기는 길吉운
재운財運	양호, 소문만복래笑吻万福來
길방위吉方位	서북 길, 동 흉
입시	합격
교섭交涉	웃음으로 진행하면 성사

변효	**初효**	즐거움. 안심하면 재난
	2효	즐거움. 서로 신뢰
	3효	흉凶
	4효	망설임
	5효	사심자私心者 만남. 흉凶
	상효	위험危險, 흉

59) 풍수환風水渙

괘상卦象	바람에 소란한 수면
묵시默示	현상 타개에 노력하라

상괘上卦는 바람, 하괘는 물. 바람이 수면의 나뭇잎을 불어 흩트리는 상이다. 환渙이란 흐트러지다 라는 것으로 일가이산一家離散, 민심이반民心離反이라는 어두운 상태를 말한다. 이 상괘上卦의 바람은 배로 간주하기도 하며 내부의 어두운 상태를 밖으로 발산시키기 위해 희망을 찾아 배가 출범하는 상像

이기도 하다. 이 괘가 나오면 회사라면 분열의 위기라고 할
수 있으며 가정이면 가족의 마음이 흐트러져 있는 상태다.
만약 현재의 상황이 어려운 경우 이를 벗어날 수 있는 절호
의 기회일 수 있다. 새로운 출발을 위해 힘껏 노력할 때다.
희망을 찾아 떠나는 배를 타고 항구를 떠나라.

운세運勢	회사에 파동이 일고 있으며 협력지를 찾아 개선에 노력을 하면 호전될 것이다.
재운財運	자금 융통이 어려우나 지원하는 사람이 나올 것이다.
길방위吉方位	남 길吉, 북 흉凶
입시	합격, 새로운 출발
교섭交涉	어려운 상태

	初효	인심이산, 유력자의 도움
	2효	인심이산, 지원자에 의존
	3효	인심이산, 남을 위함
변효	4효	파벌해소, 호전
	5효	인심이산
	상효	혈로를 뚫어 달아나라

60) 수택절水澤節

괘상卦象	물이 차 있는 못
묵시默示	절도를 지켜 순조

물과 못澤, 못에 물이 차 있으나 범람하지도 않고 마르지도
않는다. 자연히 조절되고 있다. 절節이란 대나무의 마디의 뜻
이고 대나무가 자랄 때 한마디 한마디 자라는 것과 같이 절
도가 있고 만사가 순조롭게 이루어지고 있다. 이 괘가 나오
면 절도를 지켜야 할 때다. 사업에 있어서 방만 경영을 수정

할 때다. 어느 경우에 있어서도 냉정한 행동이 필요할 때다. 이 괘는 변화 없는 평탄을 뜻하기도 한다. 절도를 너무 지켜 건강을 해치거나 교재를 악화하지 않도록 노력할 것이다. 꼿 꼿한 절도가 지나치게 되면 고립할 수가 있는 소지가 있으니 유연성도 함께 지니는 노력이 필요하다.

운세運勢	절제부족, 냉정한 조정 요
재운財運	과다지출, 과다절약
길방위吉方位	북 길吉, 남 흉凶
입시	합격, 과도한 공부 삼갈 것
교섭交涉	일보후퇴 후 전진

	初효	시절을 고려 신중하게. 재난 닥치다.
	2효	움직일 때 움직이지 않아 고민
변효	3효	의지 약하며 절도 잃음
	4효	절도 지켜 즐거움
	5효	임기응변
	상효	절도 너무 지켜 앞이 막힘.

61) 풍택중부風澤中孚

괘상卦象	알을 품고 있는 어미새
묵시默示	성의 있으면 순조

상괘上卦는 풍風, 하괘下卦는 택澤이다. 못 위에 바람이 불어
수면을 움직이게 하고 있다. 윗사람의 진심이 밑의 사람의
마음에 통하고 있는 상像 중부中孚란 어미 새가 알을 품어 부
화孵化하는 것을 뜻한다. 어미 새의 애정이 알의 생명을 일깨
우는 것처럼 성의가 사람의 마음을 감동시키는 상像이다. 이

괘는 서로 친밀해지는 상으로 윗사람의 열의에 종업원이 감동해서 협력하여 일하는 것을 뜻한다. 이 괘의 모양은 배의 바닥이 뚫려 있는 형으로 위험을 극복하는 상이기도 하다. 성의를 다하면 위기도 극복할 수 있다는 뜻이다. 대인관계에 성심은 협조, 협력자를 얻을 수 있는 첩경임을 명심하라.

운세運勢	성의를 다하여 위기를 극복, 인간관계 대길 大吉
재운財運	착실한 저축. 일확천금 꿈 실패
입시	난관돌파 합격
교섭交涉	진심이 통해 성공

	初효	지성으로 나아감. 현상유지
	2효	동지와 같이 나아감. 이익분배
	3효	불의의 재난
변효	4효	악우와 헤어져. 길吉
	5효	지성이 넘쳐 인덕. 길吉
	상효	신분에 맞지 않으면 오래가지 않는다.

62) 뢰산소과雷山小過

괘상卦象	서로 반목하는 두 사람
묵시默示	저자세低姿勢로 나아가라.

산 위에 우뢰가 울려 퍼진다. 등산하는 사람은 움막에 난을 피해 저자세로 행동하여야 한다. 소과小過는 적은 사람이 과다하다는 뜻으로 도를 지나치다 라는 뜻이다. 괘의 형상은 등을 돌린 두 사람이 서로 반목하는 상으로 분열을 뜻한다. 이러한 때에는 큰 문제는 피하고 적은 일부터 처리하고 저자

세로 나아갈 것이다. 회사라면 내부 분열이 일어나고 있으니 대책이 필요하다. 결혼, 연애 문제 등은 서로 반목 상태이며 화해하는데 노력해야할 것이다. 대인관계에 저자세의 응대는 반목이나 적대관계를 피할 수 있는 요결이다.

운세運勢	내부 분열로 고통, 저자세로 임할 것.
재운財運	절약에 힘쓸 것. 인색하다 할만치
길방위吉方位	동북방 길吉, 서남방 흉凶
입시	불합격
교섭交渉	실패

	初효	일시 좋으나 흉凶
	2효	저자세면 무난
	3효	나아가면 난관
변효	4효	저자세로 기다릴 것
	5효	저자세로 기다릴 것, 현자를 구하라.
	상효	과욕, 흉凶

63) 수화기제 水火旣濟

괘상卦象	공 이루고 명성 얻다.
묵시默示	현상 유지에 노력하라.

상괘上卦는 수, 하괘下卦는 화. 불이 타고 있는 위에 물이 뿌려져 불이 꺼질 것 같다. 기제旣濟란 만사 이루어지다 라는 뜻이다. 모든 사람이 그에 상응相應하는 지위를 얻어 안정하고 평화를 지키고 있는 상이다. 그러나 안정하고 있는 것은 또 흐트러지기 시작하는 시초이기도 하다. 불이 꺼지지 않도록

현상을 유지하는 주위가 필요한 것이다. 이 괘의 상은 음양의 균형이 잡혀 육십사괘六十四卦 중 가장 이상적인 형을 가지고 있다. 사람이라면 공을 이루고 명성을 얻은 이상적인 상이다. 완성은 다시 흐트러지는 시초이기도 하니 평화를 지키는 노력이 항상 필요하다. 회사라면 현상 유지에 극력, 노력함이 필요하다.

운세運勢	극히 순조, 현상 유지 노력
재운財運	지위도 얻고, 여축도 충분
입시	합격
교섭交涉	이루어져 있다.

변효	初효	기회 이루어지다
	2효	사건이 일어나도 묵살
	3효	이루어지다, 모험은 위험
	4효	마음을 풀면 다툼
	5효	검약
	상효	앞서가면 소사가 대사가 됨

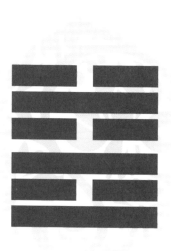

64) 화수미제 火水未濟

괘상卦象	멀리 빛나는 태양太陽
묵시默示	갈 길은 멀다.

상괘上卦 화火는 태양, 희망의 빛. 하괘下卦는 물 혹은 바다 또는 고난苦難이다. 태양은 저 멀리에 있다. 사람은 고난 속에서 희망을 찾아간다. 미제未濟란 아직 이르지 못함을 뜻한다. 할일은 많으나 좌절하고 실패하고 뜻대로 되질 않는다. 때를 못 만나 일이 마무리 단계에서 실패한다. 노력의 보람을 얻

지 못한다. 그러나 좌절하지 않고 새 길을 찾아 목표를 가져라. 때가 이르지 않은 상태이니 때가 이를 때까지 참고 견디는 마음가짐이 앞날을 열 것이다.

운세運勢	때가 이르지 않음
재운財運	한발 앞에 보인다.
길방위吉方位	남 길, 북 흉

	初효	유전流轉, 재앙災殃
	2효	자중하여 기다림
	3효	뜻 이루지 못함
변효	4효	뜻을 세워 노력길
	5효	신뢰감 깨어질 우려 있음
	상효	이루지 못함